Das Leuchten in der Tiefe

Ingala Straßer

& ....
(dein Name)

Das Leuchten in der Tiefe

Lies & schreib mit!

Ernst Klett Sprachen
Stuttgart

1. Auflage   1   8 7 6 5 4 3 2 | 2024 23 22 21 20

© 2018 Ernst Klett Sprachen GmbH, Rotebühlstraße 77, 70178 Stuttgart.
Alle Rechte vorbehalten.
Internetadresse: www.klett-sprachen.de

Redaktion: Carina Janas, Benjamin Linhart
Konzept: Ingala Straßer
Layoutkonzeption: Greta Gröttrup
Titelbild und Illustrationen: Jürgen Blankenhagen, Sven Palmowski (S. 100)
Gestaltung und Satz: DOPPELPUNKT, Stuttgart
Umschlaggestaltung: Greta Gröttrup
Druck und Bindung: Medienhaus Plump GmbH, Rheinbreitbach
Printed in Germany

ISBN 978-3-12-607030-4

Inhalt

Materialien

Liebe Leserin, lieber Leser,

oder besser: liebe Co-Autorin und lieber Co-Autor, denn du wirst in diesem Buch nicht nur Leser sein.

Selbst Autor sein

Im Grunde ist man, wenn man ein Buch liest, immer Co-Autor, denn als Leser schreibt man sozusagen immer an Büchern mit. Normalerweise tut man dies aber nur in den eigenen Gedanken, indem man die Texte im Kopf in ganz individuelle Bilder verwandelt. Im Vergleich zu Filmen und Computerspielen denkst du dir beim Lesen nämlich ganz automatisch viel mehr dazu, zum Beispiel, wie die Umgebung oder die Figuren aussehen.

Das Besondere an *diesem* Roman ist aber, dass du viele deiner Gedanken aufschreibst und eben nicht nur in deinem Kopf die Figuren zum Leben erweckst, sondern auch sichtbar auf dem Papier, und die Handlung sogar nach deinen Vorstellungen mitgestaltest. In dieser Hinsicht wiederum ähnelt das Buch vielen neueren Computerspielen, in denen du Einfluss auf die Entwicklung nehmen kannst.

Am Ende hast du dann einen ganz eigenen Roman mit deinen eigenen Gedanken als Ergebnis deiner Fantasie und Kreativität. Dabei kannst du dich in vielerlei Hinsicht austoben und entfalten: Als Autor, indem du einzelne Textstellen selbst verfasst, als Illustrator, indem du Zeichnungen zum Text anfertigst, und als aktiver Leser, indem du zwischen vorgegebenen inhaltlichen Möglichkeiten auswählst.

An den sprachlichen Fähigkeiten arbeiten

Zugegeben, manche Sätze in diesem Fantasyroman werden dir kompliziert vorkommen und einige Wörter wirst du vielleicht noch gar nicht kennen. Also weg damit? Bloß nicht! Es lohnt sich nämlich, mit dem Buch an deiner Ausdrucks- und Lesefähigkeit zu arbeiten. Warum? Weil Lesen und Schreiben unglaublich wichtig ist und die Arbeit mit dem Buch noch dazu richtig Spaß macht.

Vielleicht erscheint es dir nicht auf den ersten Blick einleuchtend, warum gerade du an Ausdrucksfähigkeit und Lesefähigkeit arbeiten sollst. Schließlich kannst du lesen und schreiben, sonst könntest du diesen Text ja auch nicht lesen! Die einfache Antwort: In der Schule werden dir diese Fähigkeiten helfen und später im Berufsleben werden sie dir von großem Nutzen sein und neue Wege eröffnen. Im täglichen Leben reicht die Alltagssprache aus, man braucht keinen großen Wortschatz und auch kein besonders gutes Gefühl für Grammatik und Satzstrukturen, um mit Freunden per Handy zu kommunizieren, einzukaufen oder den Eltern beim Abendessen vom Tag zu berichten.

In der Schule hingegen braucht man sie schon: Die Bildungssprache, auf die es hier ankommt, unterscheidet sich stark von der Alltagssprache. Nicht selten kommt es vor, dass Klassenarbeiten in den Sand gesetzt werden, weil man die Texte nicht richtig verstanden hat, oder das, was man sagen wollte, nicht richtig ausdrücken konnte. Da hilft es nichts, wenn man sich vorher perfekt auf die Inhalte der anstehenden Arbeit vorbereitet hat, wenn man die Texte der Aufgaben nicht versteht oder seine Antworten nicht in Worte fassen kann. Um dich genau dafür fit zu machen, ist dieses Buch da: Es vermittelt dir grundsätzliche Fähigkeiten, die du nicht nur im Fach Deutsch brauchst, um in der Schule erfolgreich zu sein. Du übst hauptsächlich, Texte grammatikalisch und in Bezug auf Ausdruck und Rechtschreibung korrekt zu formulieren und auch schwierige Texte inhaltlich verstehen zu können. Außerdem übst du Beschreibungen und Wortarten, was dir auch im Deutschunterricht sehr nützlich sein wird.

Anleitung zur Arbeit mit dem Buch

Vielleicht kennst du bereits einen anderen Band der Reihe *Lies & schreib mit!* z. B. *Die Macht des grünen Nebels*, dann kannst du sofort loslegen, denn die Aufgaben in diesem zweiten Band sind sehr ähnlich. Aber auch so erklärt sich das meiste von selbst: Die Aufgaben stehen auf kleinen Zettelchen, die dir als Co-Autor des Buchs sozusagen als Überarbeitungshilfe an den Rand geklebt wurden. In den Aufgaben wirst du meist dazu aufgefordert, vorbereitendes Übungsmaterial, das sich hinten im Buch befindet, zu bearbeiten, um dann Aufgaben im Roman lösen zu können. Die Materialien sind nummeriert mit ➞ M als Abkürzung für „Material" und einer fortlaufenden Zahl, damit du die Materialien im Anhang schneller finden kannst. So sieht es dann aus: ➞ M2

Beim Lesen wirst du über Wörter stolpern, die du noch nicht kennst. Daher solltest du immer blaue, kleine Karteikarten bereitliegen haben, auf die du jeweils ein Wort schreibst, das dir neu ist. Auf die Rückseite schreibst du die Erklärung des Wortes, die du von Lernpartnern, deinem Lehrer oder aus einem Rechtschreibwörterbuch erhalten kannst. Was dann mit den Karteikarten passiert und wie du die Begriffe lernst, erfährst du später in ➞ M06.

Jetzt wünsche ich dir, lieber Co-Autor, erst einmal viel Erfolg bei der Arbeit an deiner Sprache und viel Spaß und Kreativität bei der Arbeit an DEINEM Roman!

Deine Co-Autorin Ingala Straßer

Im Buch kommen einige Symbole vor:

Auf den Klebezetteln stehen Hinweise zu Aufgaben im Anhang und wie du den Text weiterschreiben sollst.

Bei diesen Aufgaben schreibst du die Geschichte selbst weiter.

Hier kannst du etwas zeichnen.

Hier arbeitet ihr als Partner / in Kleingruppen.

Hier findest du online eine Musterlösung zur Aufgabe.

Die Lösung gibt es unter: www.klett-sprachen.de/leuchten-loesungen

Hinweis 1: Um die Lesbarkeit zu erleichtern, wird auf die gleichzeitige Verwendung männlicher und weiblicher Sprachformen verzichtet. Sämtliche Personenbezeichnungen gelten gleichwohl für beiderlei Geschlecht.
Hinweis 2: Die Figuren, Handlungsorte und Firmennamen in der Geschichte sind fiktiv. Eine Ähnlichkeit zu real existierenden Personen und Gegebenheiten ist rein zufällig und nicht beabsichtigt.

Kapitel 1: Der Auftrag (Alexander)

„Vertrag ist Vertrag!" Bei diesen Worten ließ Mr. Price seine geballte Faust auf seinen Schreibtisch aus edlem Tropenholz krachen. Sein Sohn Alexander wusste, dass er den Schreibtisch nie zum Arbeiten benutzte, dafür brauchte er nur einen Laptop, sein Smartphone mit Terminkalender und jede Menge Kaffee. Der Schreibtisch war nur dazu da, Menschen zu beeindrucken. Er spiegelte Mr. Prices ganze Autorität wider.

1. Lies zuerst die Kapitel 1–3 und schreibe dir dabei alle Wörter, die du nicht kennst, auf je eine blaue Karteikarte. Schreibe die Bedeutung auf die Rückseite und übe die Wörter. → M06

2. Wenn du dir einen Überblick über die Kapitel 1–3 verschafft hast, beginnst du mit den Aufgaben in der vorgegebenen Reihenfolge.

Obwohl Alexander das wusste, wirkte das Möbelstück auf ihn immer wieder einschüchternd. „Ich weiß", versuchte er seinen Vater zu beschwichtigen, ohne ihm zu deutlich zu widersprechen, „aber vielleicht finden wir auch einen anderen Ort. Es muss ja nicht direkt im Indianerreservat sein. Die Ölbohrungen können doch auch …" Doch bei diesen Worten sprang Mr. Price auf und unterbrach ihn mit der Wucht einer Lawine, die auf dem Weg ins Tiefland alles mit sich reißt. „Nein!", donnerte er. „Von ein paar wild gewordenen, widerspenstigen Öko-Freaks lasse ich mir nicht das Geschäft versauen!"

Alexander wich ein paar Schritte zurück, versuchte dann aber erneut, seinen Vater umzustimmen: „Du hast ja Recht, diese Spinner haben echt keine Ahnung, aber jetzt leistet auch noch der Indianerstamm Widerstand, in allen Internetforen werden wir schlecht dargestellt und die Stimmung in der Presse und in der Bevölkerung kippt und …" „Du hörst mir jetzt einmal genau zu", unterbrach ihn sein Vater. „Für mich steht viel auf dem Spiel. Und für dich ab jetzt auch. Um die verrückten Teenager in dem Protestcamp kümmerst du dich von nun an. Um den Indianerstamm, die Umweltbehörde und die Dorfbevölkerung kümmere ich mich auf meine Art. Du willst in dieses Elite-Sportinternat gehen?" Sein Vater sah ihm direkt in die Augen, bevor er in bestimmendem Ton weitersprach, und wie immer konnte Alexander seinem Blick nicht standhalten. „Das Internat kannst du vergessen, wenn die Ölbohrungen nicht bald beginnen. Es wird Zeit, dass du endlich Verantwortung übernimmst und ein Mann wirst. In deinem Alter habe ich schon internationale Bohrprojekte geleitet!"

Mit diesen Worten wandte sich Mr. Price von seinem Sohn ab und ließ sich in seinen Chefsessel fallen. Alexander war sich nicht sicher, ob sein Vater ihm überhaupt noch zuhörte. Mehr zu sich selbst murmelte er: „Dad, ich bin erst 16." Doch egal, ob sein Vater das gehört hatte oder nicht, das zählte für den Chef der größten Ölbohrfirma der Region ohnehin nicht. Für ihn zählten nur der Erfolg und der Gewinn. Alexanders Großvater hatte die Ölfirma *Price* gegründet und sie seinem Sohn vermacht. Irgendwann einmal sollte Alexander die Firma übernehmen, aber wie so oft hatte er auch jetzt das Gefühl, dass sein Vater ihm das niemals zutrauen würde.

Mr. Price schien seinen Sohn nicht mehr wahrzunehmen und so verließ Alexander das Büro und ging direkt in seinen Trainingsraum im Keller der protzigen Villa, die sein Vater für sich und ihn gemietet hatte. Dort konnte er abschalten. Alexander nutzte jede freie Minute für Ausdauer- und Krafttraining. Seit ihn einmal ein Freund mit ins Parkour-Training genommen hatte, lebte er für diesen Sport, auch wenn die Faszination für seinen Vater nicht nachvollziehbar war. Für Mr. Price klang es sinnlos, schlicht Hindernis um Hindernis zu überwinden, und darum ging es ja schließlich. Aber das Probetraining hatte damals in keiner müffelnden Turnhalle stattgefunden wie die Kurse der anderen Sportarten, die er vorher ausprobiert hatte – die Stadt selbst war das Trainingsgelände und Treppen, Mauern und Geländer ersetzten die Trainingsgeräte. Brücken waren die Sprungbretter und Mülleimer die Hürden. Die Sportler bewegten sich geschmeidig wie Leoparden im Dschungel, die lautlos durch das Dickicht glitten. Das hatte Alexanders Begeisterung geweckt.

Mit der Zeit hatte er bemerkt, dass jeder Parkourläufer seine eigene Technik hatte, um Mauern zu überwinden und lässig über im Weg stehende Fahrräder zu springen. Saltos sahen besonders toll aus, seitliche Sprünge gaben dem Sportler mehr Tempo. Bald gehörte Alexander selbst zu den kreativsten unter den Athleten.

Sobald er als Parkourläufer unterwegs durch den Großstadtdschungel war und all seine Aufmerksamkeit darauf lenkte, wie er seine Bewegungen am besten an die Herausforderungen der Umgebung anpassen konnte, vergaß er alles andere. Plötzlich war es dann nicht mehr wichtig, wo sich seine Mutter wohl aufhielt, seitdem sie eines Morgens nach einem Streit seinen Vater und ihn einfach verlassen hatte. Es war nicht mehr wichtig, was sein Vater über ihn dachte oder ob er in der Schule Freunde hatte. Wichtig war nur noch, so schnell und kreativ wie möglich vom Startpunkt zum Ziel zu gelangen.

Und Alexander war schnell. Natürlich war er fit, dafür trainierte er ja auch jeden Tag, aber seine herausragende Stärke war sein wacher Verstand. Kaum jemand sonst konnte so schnell wie er die Umgebung erfassen und seine Bewegungen so zielgerichtet darauf abstimmen. Es war, als ob er mit den Straßen, Häusern und Garagen zu einer Einheit verschmelze.

Diese Fähigkeit hatte ihn schon aus manch einer heiklen Situation gerettet. Zum Beispiel damals im Sommerferienlager. Er hatte seinem Freund doch nur helfen wollen – wie hatte ihm so etwas nur passieren können?

3. Gehe so vor, um die Geschichte weiterzuschreiben:

a) Bearbeite die Aufgaben in M1.

b) Werde kreativ und schreibe ein Erlebnis Alexanders auf, bei dem ihm sein Training hilft. Vielleicht stellt er etwas an und muss fliehen? Gehe beim Schreiben vor, wie es in M0a vorgegeben ist. Nutze die Wörter aus deinem Wortspeicher in M1. → M0a + M1

Kapitel 2: Die Flucht (Sarah)

Sarah kam außer Atem, die Luft in ihren Lungen brannte. Verzweifelt rannte sie durch die Prärie ihres Reservats. Ihre Füße schmerzten. Steine bohrten sich durch die dünnen Sohlen ihrer Turnschuhe. Wenn sie nur rechtzeitig die Waldsteppe erreichen würde, könnte sie ihren Verfolger, der unerbittlich näher kam, im Gewirr der Bäume vielleicht doch noch abhängen.

Die Wachmänner würden keine Gnade kennen! Für die Leute von *Price* zählte nur der Profit, skrupellos nahmen sie es in Kauf, wenn sie damit Menschen in Gefahr brachten und die Umwelt zerstörten. Schweißperlen bildeten sich auf Sarahs Stirn. Sie spürte ein scharfes Stechen in den Seiten. Trotzdem durfte sie nicht aufgeben.

Die Waldsteppe war zum Greifen nahe. Sie erreichte die ersten dornigen Büsche und rannte einfach hindurch. Ihre Beine wurden von langen Jeans geschützt, doch ihr weites, orangefarbenes Shirt verfing sich immerzu in den Dornen. Egal, einfach weiter!

1. Bearbeite M2 und füge danach alle fehlenden i-Laute ein. → M2

Die S.....cherheitsleute durften s..... nicht erwischen! Sarah war d..... einzige, die wirklich etwas gegen *Price*, diese Zerstörungsmasch.....ne, unternahm. Alle anderen sahen fr.....dlich dabei zu, wie die Firma .....nen die Heimat stahl, die Landschaft verwüstete und ihren Anteil am Kl.....mawandel ebenso leugnete wie die Kr.....se, die sie bei den Indianern verursachte. N.....mand durfte erfahren, dass es in W.....rklichkeit kaum echten W.....derstand gegen die Ölbohrungen gab! Die Umweltverbände, die in den sozialen Medien *Price* den Kr.....g erklärt hatten – das waren zum größten Teil ihre eigenen

Erfindungen. Genauso die v......len E-Mails besorgter Bürger an die lokalen Behörden – auch die stammten in W......rklichkeit von Sarah.

Im ......nternet und in den sozialen Medien bewegte sie sich so sicher wie in ihrem eigenen Zuhause. Hier kämpfte sie in ihrem eigenen St......l.

Sarah war nie eine gute Fährtenleserin gewesen und für alte Indianergeschichten interessierte sie sich im Gegensatz zu den anderen Jugendlichen aus ihrem Stamm auch nicht. Den traditionellen indianischen Namen hatte sie nie benutzt, obwohl sich ihre Eltern das gewünscht hätten. Ihr glänzendes, schwarzes Haar war von einer blau gefärbten Strähne durchzogen. Es reichte ihr auf der einen Seite bis zum spitz zulaufenden Kinn, auf der anderen Seite hatte sie es entgegen der Tradition vom Ohr bis zu ihrer Schläfe abrasiert, was ihr ebenfalls kein hohes Ansehen im Stamm bescherte. Auch in der Schule war sie nicht sonderlich gut, war trotz ihres schmalen Gesichts auch nicht auffallend hübsch und war auch nicht besonders sportlich. In fast allen Bereichen eher unterer Durchschnitt. Aber mit dem Internet kannte sie sich aus. Das war ihre Welt: nicht die der alten Indianermythen und der Traditionen und auch nicht die der glitzernden Cheerleader oder die Welt der High Society, sondern die virtuelle Welt. Und die beherrschte sie perfekt.

Mit ihren Aktionen war sie unglaublich erfolgreich gewesen. Sie alleine hatte auf die schreiende Ungerechtigkeit aufmerksam gemacht, die *Price* erbarmungslos durchsetzen wollte, sie allein. Und nun wusste das ganze Land davon. Zu Anfang hatte sie Tweets verschickt und Kommentare in Internetforen geschrieben. Aber mit der Zeit hatte sie sich aus der sicheren, vertrauten Welt des Internets hinausgewagt und angefangen, offizielle Briefe an die Umweltbehörde zu schreiben.

Jetzt war es Zeit für den nächsten Schritt geworden: Sie wollte es so aussehen lassen, als würde sich der Indianerstamm nun auch handgreiflich zur Wehr setzen und nicht bloß jammern. Ein Foto wollte

2. Um Sarahs Brief an die Umweltbehörde zu schreiben, bearbeitest du die Aufgaben in M3. Dann gehst du weiter vor, wie in M0a beschrieben.

→ M0a + M3

sie im Netz verbreiten. Ein Foto mit so viel Aussagekraft, dass es sich von alleine wie ein Lauffeuer verbreiten würde. Mitten im „P" des Firmenschilds *Price* an der Baustelle über den Containern sollte ein Indianerpfeil stecken. Ja, genau am Tag der großen Pressekonferenz. Wie in den Action-Filmen. Das würde ein Zeichen setzen! Sie könnte sich der Aufmerksamkeit ganz Amerikas gewiss sein!

Sarah hatte sich dafür den kunstvoll geschnitzten Bogen ihres Großvaters genommen, der in der Hütte ihrer Eltern über dem Kamin hing. Aus dem Schrank hatte sie das Büffelhorn geholt, aus dem in früheren Zeiten die Krieger unmittelbar vor einem Angriff gemeinsam getrunken hatten. Dann hatte sie sich den federgeschmückten und mit blauen Perlen verzierten Köcher mit den Pfeilen quer über die Schulter gehängt und war vor Sonnenaufgang aus dem Fenster ihres Zimmers geklettert und Richtung Baustelle geschlichen.

Das Handy für das Foto bereithaltend hatte sie, als sie in der Nähe der Baustelle angekommen war, den Pfeil auf die Sehne des Bogens gelegt und sie gespannt. Aber sie hatte wohl unterschätzt, wie schwer es war, ein Ziel auf so große Entfernung zu treffen. Ihr fehlte nicht bloß die Übung, sondern auch die Kraft dazu, schließlich war sie erst 14 Jahre alt. Bereits als der Pfeil die Sehne verließ und surrend durch die Luft glitt, wusste sie, dass er das erwünschte Ziel nicht treffen würde. Aber mit dem Chaos, das dann folgte, hatte sie trotzdem nicht gerechnet. Wer hätte ahnen können, dass ihr Pfeil eine solche Kettenreaktion und solch ohrenbetäubenden Lärm auslösen würde.

3. Beschreibe die Kettenreaktion, die Sarahs Pfeil auslöst. Verwende verknüpfende Konjunktionen aus dem Wortspeicher in M4. Gehe wie immer nach der Anleitung in M0a vor.

Beachte: Es darf in deinem Roman-teil niemand ernstlich verletzt werden. ➝ M0a + M4 ✐

Die Wachleute wurden panisch. Auf der Baustelle brach Chaos aus. Niemand wusste genau, was geschehen war, doch einige Sicherheitskräfte hatten Sarah entdeckt. Zum Glück hatte sie für ihren Schuss einen Ort außerhalb des Bauzauns gewählt. Von hier aus konnte sie leicht flüchten und das tat sie nun so schnell sie es mit ihrer Ausrüstung konnte. Die Wachleute mussten zuerst in die entgegengesetzte Richtung laufen, um durch ein Tor die mit einem hohen Zaun gesicherte Baustelle zu verlassen und ihr zu folgen. Der Vorsprung würde genügen, um die Waldsteppe zu erreichen. Dort konnte sie sich im Dämmerlicht des Morgengrauens leicht verbergen und entkommen.

Doch plötzlich wurde Sarah auf eine Gestalt aufmerksam, die sich schnell näherte. Wie war das möglich? Es war niemand hier draußen gewesen, da war sie sich eigentlich sicher. Ihr Verfolger konnte sich doch unmöglich über den Zaun geschwungen haben?

Würde er sie einholen, wäre alles verloren, dann wäre alles umsonst gewesen. Kurz überlegte sie, stehen zu bleiben und einen Pfeil als Warnschuss abzuschießen, aber den Gedanken verwarf sie ganz schnell. Schließlich wollte sie niemanden verletzen, denn wer weiß, wen oder was sie diesmal getroffen hätte!

Stehenbleiben war keine Option, nur weiterrennen! Sie wagte es nicht einmal, sich umzudrehen, denn sie hörte, wie ihr Verfolger unerbittlich näher kam. Sie erreichte die ersten Büsche und ignorierte die Dornen, die ihr die Arme zerkratzten. So schnell und ausdauernd war sie noch nie gelaufen, ihr Körper war das nicht gewöhnt. Alles schmerzte, selbst das Atmen. Die Bäume um sie herum verschwammen, sie konnte kaum noch klar sehen.

Trotzdem konnte sie sich nicht erklären, wie sie das helle lilafarbene Leuchten hatte übersehen können, das plötzlich inmitten eines steinernen Torbogens vor ihr auftauchte. Das Tor und das grelle Leuchten hätte sie doch wahrnehmen müssen! Ihr blieb jedoch ohnehin keine Wahl. Ohne ihre Schritte zu verlangsamen, rannte sie auf die funkelnden Schleifen aus hellen und dunklen Lilatönen zu, die den Torbogen wie sich windende Schlangen ausfüllten. Sie hatte das Tor gerade erreicht, da spürte sie plötzlich eine Hand auf der Schulter und Finger, die sie festhielten. Der Ruck ließ sie stürzen und sie fiel in das grelle Gewirr aus violetten und roten Farben, das vor ihren Augen zuckend tanzte.

Kapitel 3: Dunkelheit (....)

Alexander brauchte eine Weile, um wieder zu sich zu kommen. Er fühlte sich, als drehe sich alles um ihn herum. Sein Herz schlug heftig pochend. Warum war es plötzlich so dunkel? Eben war es noch früher Morgen gewesen, die Sonne war gerade erst am Horizont aufgegangen! Die Erinnerung an das, was passiert war, kam langsam zurück. Da war dieses lilafarbene Flackern gewesen. Er hatte das Mädchen eingeholt, doch was war dann geschehen? Sie war gestolpert, als er sie zu packen bekommen hatte, und hatte ihn im Fall mit sich gerissen. Dann war die Welt vor seinen Augen verschwommen und hatte sich in purpurfarbene Funken aufgelöst.

Er blickte hinauf zum Himmel. Der Mond wirkte heute größer und heller als sonst und tauchte die Umgebung in ein kaltes, farbloses Licht. Wenigstens war es so hell genug, dass er sich zurechtfinden konnte. Er musste bewusstlos gewesen sein. Die Abdrücke in der staubigen Erde vor ihm verrieten deutlich, dass auch das Mädchen auf den Boden gefallen war. Spuren führten von diesem Ort aus in die Richtung eines hohen Berges, dessen Umrisse man in der Ferne mehr erahnen als sehen konnte.

In Windeseile erhob Alex sich und nahm die Verfolgung wieder auf, was bei diesen Lichtverhältnissen schwierig war. Die Fußspuren waren auch oft von Gräsern und Sträuchern verdeckt. Während es ihm sonst bei Parkourläufen gelang, seine Gedanken abzustellen und sich nur auf das Gelände, das vor ihm lag, zu konzentrieren, drangen nun immer wieder verstörende Gedanken in sein Bewusstsein vor. Er konnte doch nicht den ganzen Tag über bewusstlos dort gelegen haben, ohne dass ihn jemand gefunden hatte! Das war völlig unlogisch! Schließlich waren die Wachleute nur ein paar hundert Meter hinter ihm gewesen. Sie hätten ihn finden müssen! Aber ganz offensichtlich war es jetzt Nacht und er war alleine. Das machte doch keinen Sinn! Irgendetwas stimmte nicht!

Er lief weiter. Obwohl er dieses Kopfkino nicht abstellen konnte, kam er in dem unwegsamen Gelände schneller voran als das Mädchen, das er verfolgte, denn er schien sie langsam einzuholen. Zuerst war er sich gar nicht sicher gewesen, ob er sie wirklich gefunden hatte. Er hatte nur dann und wann das ferne Knacken von Zweigen gehört. Aber die Spuren, die er jetzt fand, sahen ganz frisch aus, soweit er das beurteilen konnte. Er war allerdings kein geübter Fährtenleser und es war noch immer dunkel.

Er blieb kurz stehen und sah sich um, erkannte aber nichts. Das konnte doch nicht sein, er war schon oft in der Waldsteppe gewesen. Vielleicht war es eine Täuschung, aber es schien ihm, als stehe der Mond noch an genau der gleichen Stelle wie vorher und als hätten sich die Lichtverhältnisse seit dem Moment, als er zu sich gekommen war, nicht verändert.

Während Alexander sich durch die immer dichter werdende Wildnis schlug, fragte er sich immer verunsicherter, wohin er hier geraten war. Er war in seinem bisherigen Leben zwar viel gereist, hatte mehr Orte gesehen als die meisten Sechzehnjährigen, aber keiner der Orte hatte diesem hier geglichen. Riesige Blüten reckten sich den Strahlen des Mondes entgegen, er sah Früchte an Bäumen hängen, die im Dunkeln leuchteten. Die Geräusche waren nicht vergleichbar mit denen, die er aus anderen Wäldern kannte. Selbst der Geruch des Waldes schien ihm unbekannt. Sicher, es roch nach Waldboden und Pilzen, aber irgendwie auch anders, ohne dass es ihm gelungen wäre, den Unterschied genau zu benennen.

Alex gehörte zu jenen Menschen, die die Dinge immer aus einer gewissen Distanz heraus betrachteten und logisch vorgingen. Zusammenhänge erkannte er schnell. Gefühle konnte er üblicherweise gut unterdrücken, wenn sie seine Konzentration störten. So war er jetzt fast verwundert, als er merkte, wie sich die Angst mehr und mehr in ihm ausbreitete. Das war unlogisch, denn er hatte nichts Angsteinflößendes gesehen oder gehört. Im Gegenteil, die riesigen Blüten auf der Lichtung, die im Mondschein glänzten, sahen beeindruckend und schön aus.

Aber wo war er bloß? Was war hier los? In den ersten Minuten nach seinem Erwachen hatte er einfach den Auftrag seines Vaters vor Augen gehabt und war deshalb dem Mädchen gefolgt. Jetzt folgte er ihr nur noch, weil er nicht wusste, was er sonst tun sollte und das, wo er doch üblicherweise immer ein klares Ziel vor Augen hatte!

Alexander blieb ruckartig stehen. Die Spuren waren plötzlich verschwunden. Der Boden war zu hart, das Mondlicht zu schwach. Das mulmige Gefühl kroch weiter in ihm hoch. Es fühlte sich an, als sei da ein Band um seinen Hals, das sich langsam immer weiter zuzog und ihm das Atmen erschwerte. Aber es blieb ihm nichts anderes übrig, als weiterzugehen. Vorsichtig setzte er einen Fuß vor den anderen. Da hörte er wieder das Knacken von Ästen. Es kam aus der Richtung, in die er lief. Aber die Erleichterung darüber, dass er das Mädchen nicht verloren hatte, blieb aus. Wenn es nun doch nicht das Mädchen war, das er gehört hatte? Vor Anspannung begann seine Haut zu kribbeln, das Engegefühl am Hals nahm zu. Vorsichtig schlich er weiter.

Mit einem Mal lichtete sich der Wald. Vor ihm lag ein See, dessen Oberfläche trotz des fahlen Mondlichts, das die Farben schluckte, in einem matten Grünton schimmerte. Er vernahm vertraute Geräusche, Frösche quakten und Mücken flogen durch die Luft. Irgendwo musste ein Bach in den See münden, denn Alex hörte das Plätschern von Wasser. Der Wald umgab den See, als lege er seine Arme schützend darum. Alexanders angespannte Muskeln lockerten sich. Vom Liegen auf dem staubigen Boden und vom langen Laufen durch den Wald war seine Kehle ausgetrocknet. Der Gedanke, aus einem See zu trinken, schreckte ihn ab, aber sein Durst ließ ihm keine andere Wahl, als mit dem Seewasser vorlieb zu nehmen. Bevor er den schützenden Wald verließ, um den offenen Strand zu betreten, blickte er sich um.

Da sah er das Mädchen hinter hohen Gräsern am Wasser knien. Es sah merkwürdig aus, denn sie kniete so weit entfernt vom Wasser, dass sie die Arme weit vorstrecken musste, um mit trichterartig aneinander gehaltenen Händen Wasser aus dem See zu schöpfen. Nach der langen Wanderung musste auch sie schrecklich durstig sein. Ihr

Bogen lag einige Meter hinter ihr im Sand. Alex musste sich unbemerkt anschleichen und verhindern, dass sie den Bogen greifen und auf ihn schießen könnte. So leise es auf dem Sand ging, näherte er sich langsam dem Mädchen. Sie schien ihn nicht zu bemerken und er griff nach dem Bogen und legte ihn sich um die Schulter.

Plötzlich schrie das Mädchen und der Schrei schnitt durch die Stille über dem See wie ein Messer. Alexander hatte noch nie in seinem Leben einen so verzweifelten Schrei gehört. Im ersten Moment dachte er, sie habe ihn beim Diebstahl des Bogens ertappt, aber der Schrei klang panisch und angsterfüllt, nicht ärgerlich.

Und da sah er es. Sekundenlang war er starr vor Schreck. Etwas zog das Mädchen am Bein auf den See hinaus, sie hielt sich verzweifelt mit einer Hand an Grasbüscheln fest, die Finger der anderen Hand krallten sich hilflos in den losen Sand. Die Kontrolle über seinen Körper zurückgewinnend rannte Alex die letzten Meter auf das Mädchen zu. Blitzschnell erfasste er dabei die Umgebung. Dort war ein Ast, der ihm Halt bieten konnte. Er bekam ihn zu fassen und griff mit der anderen Hand nach dem Arm des Mädchens, schloss seine Hand darum so fest er konnte und zog.

Als Alexander schon das Gefühl hatte, seine Kraft würde nicht reichen, um das Mädchen zu retten, hörte der Widerstand plötzlich auf. Was auch immer das Mädchen auf den See hatte ziehen wollen, war plötzlich verschwunden. Alex taumelte zurück und zog das Mädchen mit sich. Sie fielen rückwärts in den Sand und hatten sich gerade wieder hochgestemmt, als der glatte, grünliche Spiegel des Sees jäh aufgerissen wurde. Drei riesige Fangarme, die im Mondlicht wie flüssiges, zähes Öl glänzten, schossen in die Höhe wie sich aufbäumende Pferde. Plötzlich die Richtung ändernd rasten die gigantischen Arme im nächsten Moment auf die Jugendlichen zu. Ein Tentakel, dick wie der Ast eines Baumes, schlug dort auf, wo die beiden eben noch gelegen hatten. Der dumpfe Aufprall schleuderte den Sand zu allen Seiten und ließ den Boden zittern. Wie eine Schlange wand sich der schwarze Arm über die Oberfläche des Sandes.

Schwer kam das Mädchen im trockenen Sand wieder auf die Füße. Als wolle der sandige Boden sie auf ihrer Flucht Richtung Waldrand

24

zurückhalten, stolperte sie mehr, als dass sie rannte, doch schienen Verzweiflung und Angst ihr Kraft zu verleihen.

Ohne sich umzublicken, rannte Alexander hinter dem schreienden Mädchen her. Selbst wenn er die Zeit gehabt hätte, sich umzuschauen – er hätte es nicht getan. Sein Bewusstsein sperrte sich dagegen, zu wissen, was sich in diesem See verbarg. Nur weg von diesen grün schimmernden Untiefen und dem Wald, der nun wirkte, als breite er die Arme aus, um sie einzufangen.

1. Erfahre in M5, was eine „Erzählperspektive" ist. → M5 🔑

2. Ergänze hinter der Kapitelüberschrift die entsprechende Perspektive. In den ersten beiden Kapiteln ist die Aufgabe schon erledigt worden. Verfahre später beim Lesen der weiteren Kapitel genauso.

3. Zeichne einen Bildausschnitt der Szene, als die Tentakel aus dem See schießen. Alex hat Sarah bereits gerettet, sodass du sie nicht zeichnen musst. Wende die Tipps in M6 beim erneuten Lesen des dritten Kapitels an, damit dein Bild genau zum Text passt. → M6 🖌

4. Überprüfe die Zeichnung mithilfe von M7. → M7

Kapitel 4: Die Höhle im Berg

(....)

1. Bearbeite vor dem Lesen zunächst M8, um dich mit den schwierigsten Wörtern der folgenden Kapitel vertraut zu machen. → M8

2. Lies die Kapitel 4–6 und schreibe dir dabei alle Wörter, die du noch nicht kennst, auf je eine blaue Karteikarte. Schreibe die Bedeutung auf die Rückseite. → M0b

3. Wenn du dir einen Überblick über die Kapitel 4–6 verschafft hast, beginnst du mit den Aufgaben ab Nummer 4 in der vorgegebenen Reihenfolge.

Sarah konnte nicht sagen, wie lange sie schon hier im Schutz des hohen Berges warteten. Es war so viel passiert, seitdem das Erlebnis am See ihren ehemaligen Rivalen und sie zum Zusammenhalten und gegenseitigem Waffenstillstand gezwungen hatte. Es musste schon eine sehr lange Zeit vergangen sein, doch da der Mond still wie ein uralter Fels am Himmel stand und die Nacht nie zu enden schien, wusste sie es nicht genau. Verloren in Zeit und Raum. Wo sie waren, wussten sie auch nicht.

Nach der Begegnung mit dem schrecklichen Etwas damals am See waren sie um ihr Leben gerannt. Panisch gerannt, zunächst ohne Ziel, nur weg vom See. Sie waren durch das Dickicht des Waldes gehetzt, bis Sarah nicht mehr konnte. Kraftlos hatte sie sich auf den Waldboden sinken lassen. Alex hatte als Erster wieder klarer denken können und übernahm die Führung. Er hatte Sarah auf die Füße gezogen und sie gestützt, während er auf den hohen Berg zugesteuert war. Alex hatte ihr erklärt, dort würden die Hubschrauber eines Rettungsteams sie besser finden. Rettungsteam – von wegen! Aber schon damals hatte er diesen nervigen Beschützerwahn gehabt und hatte sie wahrscheinlich mit seinen Worten beruhigen wollen. Seitdem spielte er sich als ihr Wächter auf. Das nervte!

Aber zumindest hatten sie, als sie beim Berg angekommen waren, eine Höhle entdeckt, in der sie Schutz vor dem Regen finden konnten. Dort saßen sie jetzt wie so oft am Eingang.

Alex starrte in die Dunkelheit hinein. Den Ausdruck auf seinem Gesicht konnte Sarah nicht deuten. Obwohl sie bereits eine ganze Weile gemeinsam in der Höhle lebten, war ihr Alex noch immer oft fremd. Sein Verhalten gab ihr Rätsel auf. Es war wie beim Knacken von Computercodes, sie brauchte einen Schlüssel dafür – der fehlte ihr jedoch noch. Aber eines Tages würde sie den Code knacken!

„Was grübelst du?", fragte sie daher. Alex schüttelte den Kopf, als versuche er, düstere Gedanken wie lästige Fliegen zu verscheuchen. Dann sagte er niedergeschlagen: „Ich weiß nicht, ob das alles Sinn macht. Aber ich habe auch keine bessere Idee!" Sarah zog die Stirn in Falten. „Was meinst du?", fragte sie. Alex deutete in verschiedene Himmelsrichtungen und erklärte zögerlich: „Ich habe angefangen, Notizen zu sammeln. Ich will eine Landkarte erstellen. Unten am Fuß des Berges habe ich alles dafür vorbereitet. Da gibt es ein Loch in einem Stein und in einigem Abstand davon noch eines. Wenn man durch beide hindurch zum Mond schaut, kann man genau dessen Position bestimmen. Er bewegt sich kein winziges Stück weiter!" Sarah zog kritisch die Augenbrauen zusammen und meinte: „Na dazu braucht man aber keine Sternwarte zu bauen, das hätte ich dir auch so sagen können. Der Mond steht fest. Keine Bewegung."

Alex schwieg einen Moment und sah zum Mond hinauf. Dann begann er sich zu rechtfertigen: „Trotzdem war es wichtig, das genauer zu beobachten. Außerdem habe ich dadurch eine Linie festlegen können, die ich nutzen konnte, um das Gebiet um uns herum in Sektoren einzuteilen. Die Sektoren kann ich systematisch nacheinander durchsuchen. Die Richtung, die zum Mond zeigt, habe ich ‚Norden' genannt und so konnte ich dann auch die anderen Richtungen benennen." Sarah hakte verwirrt nach: „Und zu welchem Zweck hast du das alles gemacht?" Alex sah sie verständnislos an. „Um zurückzufinden zum Tor natürlich, was denn sonst", antwortete Alex hörbar genervt. „Also das hast du gemacht, wenn du weggegangen bist. Ich dachte du suchst einfach nach Essbarem für uns und wartest ansonsten auf die Rettungshubschrauber. Ich habe mich schon gewundert, warum du oft so lange weg warst", stellte Sarah knapp fest.

Sie zog ihre Beine an und lehnte sich an die Felswand. Sarah schaute Alex eine Weile an und fragte dann mit einem ärgerlichen Unterton: „Und warum erzählst du mir das erst jetzt?" Alex zuckte mit den Schultern und antwortete: „Ich wollte bei dir keine falschen Hoffnungen wecken. Ich wollte nicht, dass du enttäuscht wirst. Komm mit, ich zeig dir meine Notizen." Geschickt kletterte er die Felswand herab. Sarah folgte ihm und verkniff sich einen Kommentar dazu, dass Alex schon wieder für sie entschieden hatte, ohne sie zu fragen.

„Womit hast du denn geschrieben?", fragte Sarah, um das Thema zu wechseln, während sie um den Fuß des Felsens herumliefen. Alex erklärte: „Mit einem roten Kreidestein. Den habe ich bei meiner letzten Erkundung gefunden." Sarah überlegte, wann das wohl gewesen sein konnte. „War das damals, als du gleich nach dem Aufstehen losgezogen bist?" fragte Sarah. „Nein, das war bei der zweiten Erkundung in Richtung Süden", antwortete Alex und fuhr fort: „Bei der letzten Erkundung bin ich gleich nach dem Essen losgegangen und war dann auch nicht ganz so lang unterwegs wie bei der zweiten Suche, die in die entgegengesetzte Richtung geführt hatte."

Sarah hatte ihn bei seiner Erklärung genau beobachtet. Seine Genauigkeit amüsierte sie irgendwie, daher fragte sie halb interessiert, halb ironisch: „Wie viele deiner ‚Sektoren' hast du denn bisher geschafft?" Entweder er hörte die Ironie in der Stimme gar nicht oder er ignorierte sie einfach. „Bisher erst drei. Ich hatte schon früher anfangen wollen, aber wegen des langen Regens habe ich lange auf den Beginn warten müssen", antwortete Alex. Dann fuhr er sachlich fort: „Aber gleich, als es zu regnen aufgehört hatte, habe ich die erste Erkundung gestartet in Richtung Osten zu den Sümpfen. Dort war es unheimlich und irgendwie beklemmend, ganz anders als bei den Wiesen im Süden, denn dort war alles viel lebendiger und viele Blumen sind dort gewachsen." Sarah erinnerte sich an den Tag. Sie nickte und sagte: „Von dort hast du die ganzen Wurzeln und Kräuter mitgebracht, stimmt's?"

„Genau", bestätigte Alex, „deshalb war ich dort auch am längsten, länger als bei den roten Felsen am Schluss. Und in den Sümpfen war ich nur kurz, da war es einfach total unangenehm, ich habe nichts Brauchbares gefunden und es fing auch bald wieder an zu regnen. Da bei den roten Felsen", Alex machte eine kurze Pause und fuhr sich mit der Hand durch die Haare, „bin ich dann schnell umgekehrt."

Sarah hatte sein Zögern bemerkt. Sie musste nachfragen, aber sie traute sich nicht, die Frage zu stellen, denn eigentlich wollte sie die Antwort gar nicht hören. Zu düster war noch der Schatten, der seit ihrer Begegnung mit dem Monster im See auf ihrer Seele lag. „Hast du …", begann sie und schluckte. Ihr Hals fühlte sich trocken an. Sie räusperte sich. Doch zu ihrer Erleichterung nahm Alex es ihr ab, die Frage stellen zu müssen: „Den grünen See gefunden? Ja." Er machte eine kurze Pause, drehte sich zu ihr um und sprach dann mit sanfterer Stimme weiter: „In der Nähe der roten Felsen. Plötzlich lag er vor mir, als ich an den Waldrand kam. Ich hatte nicht damit gerechnet, das kam so plötzlich. Dann war alles wieder da. Die Angst war so stark, als wäre sie nie fort gewesen. Ich bin sofort umgekehrt und zu unserem Berg zurückgerannt. Danach habe ich erst einmal nicht weitergesucht."

Für einen Moment fühlte Sarah sich Alex nahe. Ihrer beider Schicksale waren so eng miteinander verbunden. Egal wem sie später einmal von dem Erlebnis am See erzählen würde, niemand würde sie je so gut verstehen können wie Alex, denn er hatte die Erfahrung mit ihr geteilt. Und plötzlich wurde ihr wieder bewusst, dass es vielleicht für sie niemals dieses „später" geben würde. Vielleicht würde es niemals jemanden außer ihnen beiden geben, dem sie davon berichten könnte. Vielleicht würde niemand sie je hier aufspüren und ihnen zu Hilfe kommen. Vielleicht würden sie das Tor, durch das sie möglicherweise zurückkehren könnten, niemals finden. Aber zumindest war sie nicht ganz alleine. Sie war froh, Alex zu haben. Vielleicht hätte sie ihn in den Arm genommen, um auch ihm das Gefühl zu geben, nicht allein zu sein.

Doch dann fuhr er mit dieser sanften Stimme fort: „Da draußen sind wirklich viele Gefahren. Darum wollte ich auch nicht, dass du mitkommst." Als wären grelle Blitze durch ihr Herz gezuckt, war die eben noch gespürte Verbindung plötzlich zerschnitten, das Gefühl der Gemeinsamkeit war weg. Was bildete er sich denn ein? Als ob er alleine etwas gegen das Ding im See hätte ausrichten können! Hätte es ihn statt ihr erwischt, wäre er ohne Hilfe genauso wehrlos gewesen wie sie! Wenn *er* sich der Gefahr aussetzte, warum nicht auch sie?

Laut sagte sie: „Ich bin nicht aus Zucker! Ich muss nicht beschützt werden und das habe ich, seitdem wir hier sind, schon oft genug bewiesen. Dein Bild von schwachen Frauen und starken Männern macht mich wahnsinnig!"

Seine Reaktion darauf konnte sie nicht deuten, wahrscheinlich war er wieder genervt von ihr, wahrscheinlich sah er in ihr wieder ein unreifes, zickiges Mädchen, das seine Hilfe einfach nicht zu schätzen wusste. Sicherlich hatte er nach seiner dritten Erkundungstour keine weiteren unternommen, um sie hier nicht alleine zu lassen. Das musste sich ändern! Zu zweit hätten sie auch bessere Chancen als alleine. Seine Überheblichkeit machte sie rasend! Aber sie wollte nicht schon wieder Streit anfangen, sie hatten in der gemeinsamen Zeit in der Höhle schon so oft gestritten. So lenkte sie das Gespräch schnell auf ein anderes Thema. Dabei versuchte sie, ihren Vorschlag nicht zu fordernd klingen zu lassen, was ihr jedoch nicht ganz gelang: „Dann zeig mir deine Sternwarte, jetzt weiß ich ja sowieso davon." Alex nickte kurz und führte sie zu seinen Notizen, die er in einer geschützten Nische am Fuß des Berges mit roter Kreide an die Felswand geschrieben hatte.

4. Suche im farbigen Textabschnitt nach den fehlenden Informationen und ergänze Alexanders Tabelle. Nutze die Lesetipps in M6 → M6

30

	erste Erkundung	zweite Erkundung	dritte Erkundung
„Himmelsrichtung"			
„Zeitpunkt"			
Dauer der Erkundung			
Infos zur Landschaft / Besonderheiten			
von dort mitgebrachte Dinge			

Alex blickte wieder durch die beiden Löcher in den Steinen, als könnte sich der Mond doch noch vom Fleck bewegt haben. Enttäuscht wandte er sich ab, schwang sich auf einen Felsvorsprung und setzte sich. Er starrte den Mond an. Sarah hatte das Gefühl, als nehme er sie gar nicht mehr wahr, als sei er völlig in seinen Gedanken versunken. Sie wollte schon zur Höhle zurückkehren, da fing er wieder an zu reden.

„Es macht mich wahnsinnig", sagte Alex, „dass hier keine Uhrzeiten erkennbar sind, die den Tagen Struktur geben! Ich will wissen, wann Morgen und wann Abend ist." Es schien Sarah, als spräche Alex eher mit dem Mond als mit ihr, denn er starrte weiter zum nachtschwarzen Himmel hinauf. „Wozu?", entgegnete Sarah. „Man isst, wenn man hungrig ist, und man schläft, wenn man müde ist. Tageszeiten sind doch unwichtig."

Mit dem Finger malte sie beiläufig eine Sonne in den Staub. Gedankenverloren fuhr sie leise fort: „Aber das Sonnenlicht fehlt mir auch." Sie sehnte sich nach Helligkeit, auch wenn sie in ihrem alten Leben das gemütliche Halbdunkel des kleinen Wohnzimmers ihrer Eltern immer dem Sonnenschein draußen vorgezogen hatte. „Höhlenkind" hatten ihre Eltern sie oft genannt und dabei gelächelt, wie Eltern eben lächeln, die ihr Kind mit allen seinen Eigenheiten lieben.

Ihre Eltern fehlten ihr sehr. Aber obwohl sie auch ihr Zuhause, ihren Computer, den Sonnenschein und das normale Leben unendlich vermisste, hatte sie sich in ihrer Situation mit der Zeit einigermaßen zurechtgefunden. Im Grunde hatten sie alles, was sie brauchten. Alex und sie hatten sich in der Höhle eingerichtet, die Glut in ihrer Feuermulde erlosch nie. Alex hatte Streichhölzer in seiner Hosentasche gefunden und sogar ein Messer. Wenn ihr kalt war, lieh Alex ihr seinen Kapuzenpulli. Sie entdeckten genug Brennholz und auch Essen gab es reichlich. In einem Bach fing Alex kleine Fische. Sarah sammelte Beeren, Früchte und Wurzeln.

Alles schmeckte vertraut und trotzdem anders als zuhause. Die Fische schmeckten ein bisschen nach Urlaub am Meer, ein bisschen auch wie frisches Moos. Ihre neuen Lieblingsfrüchte, etwa so groß wie eine Birne und außen lila, schmeckten nach dem Wind, der im Sommer über Obstwiesen wehte, blumig und süß.

5. Bearbeite M9 als Vorarbeit für den nächsten Schreibauftrag.

6. Beschreibe den Geschmack der Beeren und Wurzeln. Verwende dafür Adjektive wahlweise im Positiv, Komparativ oder im Superlativ aus der Tabelle in M9. → M0a + M9

„Ich weiß", riss Alex sie aus ihren Grübeleien. Er war in Gedanken wohl noch immer beim fehlenden Tag-Nacht-Rhythmus. Typisch, als hätten sie keine anderen Probleme wie Tentakelmonster und magische Tore … „Aber verstehst du", fuhr er fort, „ich sitze hier nur herum. Zu Hause hatten meine Tage feste Strukturen, ich hatte Ziele, für die ich hart gearbeitet habe, ich wollte was erreichen."

„Ach! Und ich wohl nicht, du Schmock?", zischte sie und stand auf. Sie sah, wie Alex die Augen verdrehte. Mit gewollt ruhiger Stimme, die furchtbar erwachsen klang, gab er zurück: „Das habe ich nicht gesagt!" Doch das Feuer der Wut loderte bereits in Sarah, sie war stinksauer. „Aber gemeint!", fuhr sie ihn an, schnappte sich Bogen und Köcher und ging in die Richtung des Waldrands.

„Eingebildeter, arroganter Kerl!", dachte sie. Ja, er hatte sie am See gerettet. Aber sie war trotzdem kein kleines, schutzbedürftiges Mädchen. Ständig spielte er sich als Beschützer auf und tat, als bekäme sie alleine nichts hin. Zugegeben, anfangs war sie froh gewesen, ihn zu haben, und ja, er war zwei Jahre älter als sie. Aber mittlerweile kam sie auch gut alleine zurecht. Sie kannte zumindest unzählige Geschichten über das Leben in der Wildnis, während er als verwöhnter Schmock in einer Villa aufgewachsen war. Mit dem Fuß kickte sie einen kleinen Stein vor sich her durch den Staub. Sie würde ihm zeigen, dass sie hier bestens zurechtkam.

„Du kannst alles schaffen, was du nur von Herzen willst", hatte ihre Mutter ihr immer gesagt und dabei so zuversichtlich gelächelt, dass Sarah keinen Zweifel am Inhalt ihrer Worte hatte. Sie berührte ihren Armreif, den sie nie ablegte. Ihre Mutter hatte ihn ihr geschenkt. Eine Träne rann Sarahs Wange hinab. Mit dem Handrücken wischte sie sie weg. „Licht. Ich will Licht und ich hole mir welches", sagte sie bestimmt. So, als folge eine Blume am nahe gelegenen Waldrand Sarahs Befehl, öffneten sich plötzlich mehrere der großen, majestätischen Blüten. Ihre Blätter begannen zu leuchten, als sich die Köpfe dem Mond entgegenreckten. Ein triumphierendes Lächeln machte sich auf Sarahs Gesicht breit. Voller Tatendrang sah sie sich um. Ihr Blick blieb an langen, im Wind schwankenden Gräsern hängen. „Perfekt", stellte sie fest.

Kapitel 5: Die Priesterin des Lichts

(...........................)

Alex hatte die Glut angefacht. Über dem Feuer röstete er kleine Fische. Der große, flache Stein am Lagerfeuer war sein Lieblingsplatz.
Dort saß er und lauschte dem Rauschen des Windes im alten Baum,
der seine Äste wie ein schützendes Dach über dem Lager ausbreitete. Dann und wann war ein Knacken zerberstender Holzscheite im
Feuer zu hören. Alles war friedlich. Doch die Ruhe ließ zu, dass sich
die Bilder des grünen Sees und des Wesens darin wieder in Alexanders Kopf drängten. Das Wesen, in dessen Fänge Sarah geraten war.
Alex hatte sich damals so hilflos gefühlt, so verwundbar. Die Angst,
die er seitdem spürte, konnte er nie ganz loswerden. Selbst an diesem friedlichen Lagerplatz blieb er stets wachsam, immer darauf
gefasst, dass die Ruhe trügerisch sein könnte.

Plötzlich sah er in der Ferne ein Licht schimmern, das langsam immer näher kam. Er ließ den größer werdenden Schein nicht aus den Augen und konnte nach einer Weile die Umrisse einer Gestalt ausmachen, deren Gesicht von einer tief in die Stirn gezogenen Kapuze verdeckt war. In ihren anmutigen Bewegungen und mit dem Leuchten, das sie vor ihrem Körper trug, wirkte die Gestalt wie eine Priesterin, die der Göttin des Lichts eine Gabe darbringt. Alexander starrte gebannt auf diese geheimnisvolle Figur.

Als sie jedoch näher kam, erkannte er Sarah. In ihren Händen trug sie eine jener leuchtenden Pflanzen aus dem Wald und auf dem Gesicht ein siegesgewisses Lächeln. „Tadaaa!", schmetterte sie ihm entgegen und hob die Pflanze, die in einem Korb aus geflochtenen Gräsern steckte, in die Höhe. Aus der Ferne hatte Sarah ehrfurchteinflößend ausgesehen wie eine hohe Priesterin bei einer feierlichen Andacht. Aus der Nähe betrachtet wirkte sie wie ein schadenfrohes, kleines Mädchen.

Er wusste, dass er jetzt nichts Falsches sagen durfte, aber es fiel ihm ohnehin nicht schwer, etwas Anerkennendes herauszubringen. Denn schließlich hatte er schon seit einer ganzen Weile vorgehabt, etwas Leuchtendes aufzuspüren, womit er die Buchstaben „SOS" auf den Boden schreiben könnte. Ein Hubschrauber, der alles Mögliche versuchen würde, um sie zu finden, könnte dann mit seiner Suche endlich erfolgreich sein. Bisher hatte Alex dafür wenig Brauchbares entdeckt, aber Sarahs Blume war perfekt!

„Du hast etwas Außergewöhnliches geschafft", lobte er sie. Das überhebliche Grinsen wich aus ihrem Gesicht und übrig blieb ehrlicher Stolz. „Danke", gab sie lächelnd zurück. Offensichtlich hatte sie bisher wenig Nettes aus seinem Mund gehört. Es wurde Zeit,

1. Im folgenden Text stecken Nominalisierungen. Erfahre in M10, was das ist, und bearbeite die Übungen.

2. Mache mit dem farbigen Text ein Partner- oder Laufdiktat.

3. Lasse deine Fehler korrigieren oder korrigiere sie selbst und übertrage sie in die Übungskartei auf weiße Karteikarten. Vorsicht bei den nominalisierten Wörtern! Diese werden hier nur großgeschrieben, weil als Nomensignal das Indefinitpronomen davor steht. Dieses musst du mit auf die Karteikarte schreiben.

→ M10

dass er häufiger mal etwas Freundliches zu ihr sagte. „Wir haben hier so viel Gefährliches und allerlei Aufregendes erlebt, dass ich manchmal echt fertig war und vielleicht auch abweisend gewirkt habe", entschuldigte er sich.

Er blickte sie an und lächelte versöhnlich. Sarah kam ihm plötzlich erwachsener und selbstsicherer vor als sonst. Vielleicht lag das auch nur an der leuchtenden Blume. Dann fuhr er mit warmer Stimme fort: „Es tut mir leid. Ehrlich. Vielleicht bin ich wirklich manchmal ein Schmock, was auch immer du genau damit meinst. Die Idee mit der Pflanze war echt super."

„Ist schon gut", antwortete sie, während sie sich neben ihn setzte. „Ich bin auch am Ende meiner Kräfte, mit mir ist es sicherlich auch nicht immer einfach." Eine Weile starrten sie ins Leere. Dann fuhr sie fort: „Weißt du, was uns fehlt? Wir brauchen was Vernünftiges zu essen, das gibt neue Energie." Sofort erhob sie sich wieder und deutete Alexander an, ihr zu folgen.

„Mein Opa hat mir das Schießen mit dem Bogen beibringen wollen", fuhr sie fort. „War aber nicht sonderlich erfolgreich, wie du ja leider sehen konntest. Probier du es aus – ich erkläre dir die Theorie", sagte sie, während sie ihm den Bogen in die Hand drückte, „und du bist für die Praxis zuständig." Offensichtlich erwartete sie, dass Alex ihr folgen würde, denn ohne auf eine Antwort zu warten, steuerte sie zielsicher auf den Wald zu. Nun hatte sie im wahrsten Sinne des Wortes die Führung übernommen und Alexander ließ sie gewähren.

„Okay", sagte sie und klang dabei übertrieben erwachsen. „Versuch erst einmal, den Baum dort zu treffen. Stell dich seitlich, linker Fuß nach vorne." Alex konzentrierte sich mehr auf Sarahs plötzlich verändertes Verhalten als auf ihre Anweisungen. Die Grundlagen kannte er ohnehin schon, denn er hatte, bevor er seine Sportart gefunden hatte, unter anderem das Bogenschießen ausprobiert – mit wenig Begeisterung zwar, aber immerhin. Auch war es schon eine Weile her und ein Sportbogen fühlte sich anders an als dieser hier. Aber gelernt war gelernt. Er sammelte sich, wie er es vor seinen Parkourläufen auch tat, und konzentrierte sich auf seine Umgebung, wurde eins damit. Gleich der erste Schuss traf.

Sarahs hochgezogene Augenbrauen offenbarten ihre Überraschung. „Wow", sagte sie anerkennend. Alexander hatte aus seinen Fehlern gelernt und antwortete schnell: „Deine Anleitung war super, danke. Dein Opa wäre stolz auf dich." Seine Worte verfehlten ihre Wirkung nicht. Auf Sarahs Gesicht zeigte sich ein zufriedenes Lächeln und sie sagte. „Okay, dann wird's jetzt ernst. Wir kriegen das hin."

Nachdem Sarah ihren missglückten Versuch, auf das *Price*-Logo zu schießen, erwähnt hatte, hatte Alex befürchtet, ihr alter Streit könnte wieder aufbrechen. Das hatte er verhindern müssen, denn wie es aussah, gab es hier nur sie beide, niemanden sonst. Sie brauchten einander. In dieser Dunkelheit und Einsamkeit wären sie sonst verloren. Erleichtert stellte Alexander fest, dass es ihm gelungen war. „Wir", hatte sie gesagt, als seien sie ein Team. Nicht nur Erzfeinde im Waffenstillstand.

„Rein theoretisch beherrsche ich ganz viele alte Techniken meines Stammes", fuhr Sarah fort, wobei sie den Stolz in ihrer Stimme nicht verbergen konnte. „Nur mit der Praxis habe ich es nicht so. Ich kann sogar in der Theorie Felle abziehen und gerben. Geht ganz einfach, ist nur eklig. Wenn du das Jagen und Kochen übernimmst, sorge ich für weiche, warme Felle. Deal?" Sie streckte Alex die Hand entgegen. Er griff danach und schüttelte sie. „Deal", bestätigte er und lächelte.

Felle gerben : tanner peaux

Kapitel 6: Die Jagd (...........................)

Das Jagen war anstrengender, als Sarah gedacht hatte. Stundenlang rannten sie durch den Wald. Alex war dabei genau in seinem Element. Es war zwar kein Großstadtdschungel, der ihn umgab, aber dieser Urwald tat es offensichtlich auch. Sarah hatte zwischendurch das Gefühl, es sei Alex völlig gleichgültig, ob sie Beute finden würden. Hauptsache er konnte kriechend, springend, sich duckend oder sich abrollend die sich darbietenden Hindernisse überwinden.

Sarah hatte große Mühe, einigermaßen mit ihm mitzuhalten, obwohl er zwischendurch immer wieder Pausen einlegte, um auf sie zu warten. „Ich kann nicht mehr", keuchte Sarah, als sie ihn schließlich eingeholt hatte, und blieb stehen. Vor sich sah sie einen völlig zufriedenen Alex, der sie durch seine zerzausten und strähnig ins Gesicht hängenden Haare glücklich anstrahlte. „Du siehst übrigens toll aus heute", sagte Alex.

Sarah sah an sich herab und musste lachen. „Meine Frisur ist mittlerweile herausgewachsen, ich kann mich nicht mehr daran erinnern, wie lange es her ist, dass meine Haare Berührung mit einem Kamm gehabt haben, und meine Klamotten sehen aus, als hätte ich sie seit Ewigkeiten nicht mehr gewechselt – was wohl daran liegt, dass ich leider gar keine Wechselklamotten habe." Sarah grinste über das ganze Gesicht. Auch wenn sie es mit der übertriebenen Beschreibung ihres Aussehens überspielen wollte – die roten Flecken auf ihren Wangen zeigten doch, dass sie sich geschmeichelt fühlte. Mit einem ebenso übertriebenen Knicks fuhr sie fort: „Trotzdem danke für das Kompliment!"

Sarah gefiel es sehr, sich einmal nicht mit Alex zu streiten. Am liebsten hätte sie sich jetzt mit ihm hingesetzt und weiter geredet, aber Alex schien das anders zu sehen. Jedenfalls setzte er sich gleich wieder in Bewegung und rief ihr zu:

„Ich zeig dir ein paar Tricks, ... macht Spaß,
echt!" Und schon flog er wieder über Steine und Äste
hinweg. Sarah kam sich furchtbar plump vor. „Ich geb
dir ne Hilfestellung, nimm einfach Anlauf und spring",
rief er ihr zu und blieb an einem ziemlich hohen Felsen stehen. „Niemals, ... schaffe ich nicht", sagte Sarah und schüttelte den
Kopf, doch .... Grinsen auf ihrem Gesicht verriet, ... sie
doch Lust hatte, es zu probieren. Sarah war glücklich darüber,
.... die Stimmung so entspannt war, ... hatte sie wirk- 5
lich vermisst. So widerspenstig sie sich meistens gab, so harmonie-
bedürftig war sie andererseits. Doch sie war froh, ... Alex
.... nicht wusste.
   „Okay, wehe du lässt mich fallen", rief sie lachend, legte den Bogen
weg, streifte den Köcher ab und rannte los. Sie konnte es selbst 10
kaum glauben, wie sie über den Felsen hinwegflog. Bevor sie weiter-
rannte, beobachtete sie Alex, wie dieser …

1. Bearbeite M11 und
   füge jeweils „dass"
   oder „das" im
   folgenden Text ein.
   → M11

2. Bearbeite M12 als Vorarbeit für die Schreibaufgabe.   → M12
3. Lege die Reihenfolge der Bilder fest, indem du sie mit einer Linie
   verbindest.
4. Zeichne in der Mitte ein eigenes Bild und baue es in die Reihenfolge ein.
5. Beschreibe den Weg über die Hindernisse in der von dir gewähl-
   ten Reihenfolge. Verwende die vorgegebenen Präpositionen und
   Verben.   → M0a

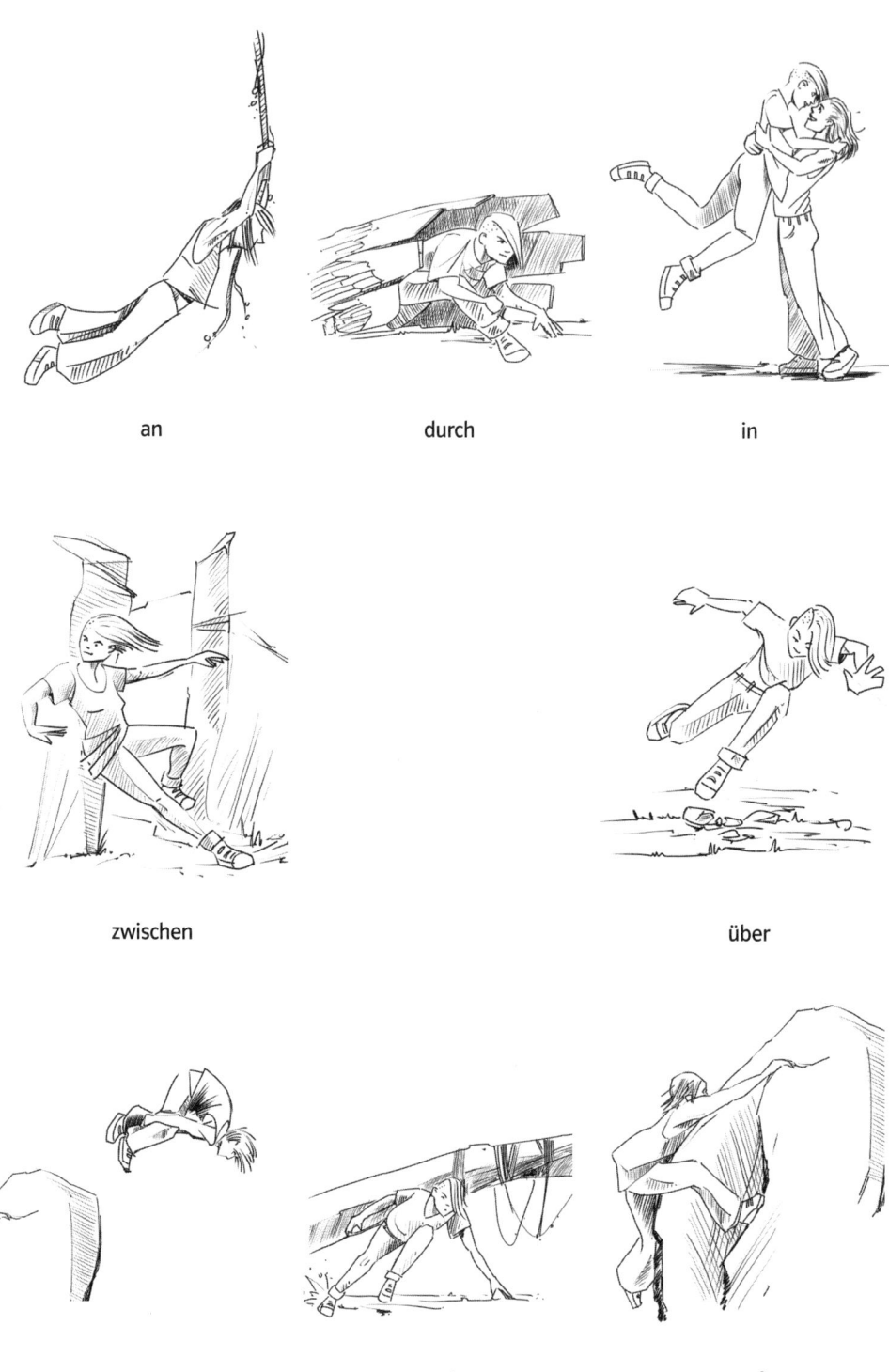

an durch in

zwischen über

von unter auf

40

Sarah war völlig außer Atem, sie musste sich einen Moment setzen. Breit grinsend ließ sich Alex neben ihr auf den Stein fallen.
„Gar nicht so schlecht!", lobte er sie. Sarah legte ihre Hand auf seine
Schulter und stützte ihr Kinn darauf. „Danke", sagte sie freudestrah-
lend. Alex schaute sie an und fragte: „Wofür?" „Wenn es hier Tage
gäbe", lachte Sarah, „dann würde ich sagen, es war der schönste Tag,
seitdem wir in dieser dunklen Welt gestrandet sind! Das Laufen machen wir jetzt öfter!" Alexanders Grinsen wurde noch breiter und er
erklärte: „Was meinst du mit ‚es war'? Weiter geht's, nicht so faul
rumsitzen!" Und schon wandte er sich um und rannte weiter.

Sarah blieb noch einen kurzen Moment sitzen. Wie merkwürdig: Die ganze Zeit über war Sarahs Heimweh gar nicht so schlimm gewesen. Ausgerechnet jetzt, da sie sich zum ersten Mal seit Ewigkeiten glücklich fühlte, kam gleichzeitig eine riesige Sehnsucht nach ihrem Zuhause auf. Automatisch griff sie nach ihrem Armreif aus Silber. Der dünne Reif endete an der Unterseite in zwei Kugeln. Auf der Oberseite war als Verzierung ein Viereck aus Horn befestigt. Es war doppelt so hoch wie breit, die Ecken waren rund geschliffen und in der Mitte des Vierecks war ein türkisfarbener, runder Stein eingelassen. „Du wirst nie alleine sein", hatte ihre Mutter ihr gesagt, als sie ihr den Armreif geschenkt hatte … Sarah merkte, wie ihr die Tränen in die Augen stiegen. Nein, dafür war jetzt nicht die Zeit!

6. Lies die Kapitel 2 und 6 mit Hilfe von M6 noch einmal. Notiere dabei alle Informationen, die du über Sarahs Aussehen, ihre Kleidung und mitgeführte Gegenstände erhältst. → M6

7. Vervollständige die Zeichnung dann möglichst genau mithilfe der herausgeschriebenen Anhaltspunkte.

8. Wenn dir Zeit bleibt, kannst du zusätzlich den Hintergrund des Bildes gestalten.

9. Überprüfe deine Zeichnung mit der Checkliste in M13. → M13

20 Sie stand auf und wischte sich über die Augen. Dann schnappte sie sich den Bogen und legte sich den Gurt des Köchers quer um die Schulter, sodass der 25 obere Rand des Köchers über ihre Schulter hinausragte. Die Enden von sieben übrigen Pfeilen waren oberhalb des Randes noch 30 sichtbar – also noch sieben weitere Versuche, um Beute zu machen. Sarah atmete einmal tief ein und aus. Dann rannte sie los und folgte Alex.

Kapitel 7: Flussabwärts (...........................)

Obwohl sie sich weniger auf die Jagdbeute als auf ihren Lauf konzentriert hatten, waren sie am Ende doch noch erfolgreich gewesen. Sie hatten drei kleine Tiere aufgespürt und Alex hatte sich als treffsicherer Jäger erwiesen.

Sarah war verschwitzt, ihre Kleidung klebte an ihr, sie fühlte sich, als hänge der halbe Wald noch in ihren zerzausten Haaren und die Spinnen

1. *Lies zuerst die Kapitel 7–9 und schreibe dir dabei alle Wörter, die du nicht kennst, auf je eine blaue Karteikarte. Schreibe die Bedeutung auf die Rückseite.* → Mob
2. *Wenn du dir einen Überblick über die Kapitel 7–9 verschafft hast, beginnst du mit den Aufgaben ab Nummer 3 in der vorgegebenen Reihenfolge.*

würden sich dort gerade häuslich einrichten. Dass Indianer nie die Orientierung verlieren, war offensichtlich ein Irrglaube. Sie hatte mittlerweile keine Ahnung mehr, wo sie waren. Doch sie ließ sich nichts anmerken, sondern lief mit sicheren Schritten neben Alex her, der die Richtung vorgab.

Als sie an den Stromschnellen ankamen, wunderte sie sich, dass sie das laute Tosen des Wassers nicht schon früher bemerkt hatte, aber sie war wohl in Gedanken gewesen. Alex steuerte auf eine Stelle unterhalb der Wirbel zu, wo das Wasser ruhig zu fließen schien. „Wir gehen hier durch", sagte er und begann, seine Schuhe auszuziehen. „Die Kleider trocknen schnell, aber die Schuhe brauchen ewig zum Trocknen. Ich werfe sie auf die andere Seite. Zieh deine am besten auch aus", riet er ihr. „Nein!", rief Sarah entgeistert und wich zurück. „Ich geh da nicht durch. Auf dem Hinweg mussten wir auch keinen Fluss durchqueren, wir sind falsch gelaufen!"

„Wir sind weiter oben stromaufwärts über Steine gegangen, unter denen der Fluss durchgeflossen ist. Dorthin zu wandern würde aber Ewigkeiten dauern, hier geht es schneller. Da", sagte er und deutete in eine Richtung über den Fluss hinweg, „siehst du schon unseren

Berg. Es ist nicht mehr weit von hier aus. Wenn wir aber erst den Übergang suchen, müssen wir auf dieser Seite des Flusses lagern." Mit dem Fuß prüfte er, wie tief das Wasser war, und gab dann zu bedenken, ohne sich zu ihr umzudrehen: „Bis wir in der Höhle zurück wären, wäre die Glut erloschen und so viele Streichhölzer haben wir nicht mehr. Es ist nicht tief, komm schon."

Sarah verschränkte die Arme. Nein, auf keinen Fall würde sie hier den Fluss durchqueren. Seitdem sie im Alter von sieben Jahren fast ertrunken wäre, mied sie tiefes Wasser. Sie erinnerte sich noch genau daran, wie ihre Mutter ihr immer gesagt hatte, sie solle sich vom Wasser fernhalten, aber schon als Kind hatte sie sich nicht gerne an Regeln gehalten. So kam es, dass Sarah eines Tages …

3. Gehe so vor, um die Leerstelle zu füllen:

a) Bearbeite die Aufgaben in M14 „Modalverben".

b) Schreibe Sarahs Kindheitserlebnis auf, als sie beinahe ertrunken wäre, weil sie sich nicht an die Regeln ihrer Mutter gehalten hatte. Nutze dabei Modalverben und unterstreiche sie.
→ M0a + M14 ✏

Sie versuchte den Gedanken an dieses Erlebnis zu verdrängen. Trotzdem würde sie diese Angst niemals überwinden können. Entschlossen rief sie: „Keine Chance, ich schwimme da nicht durch!" Alex wandte sich ab und schaute über den Fluss hinweg in Richtung des Berges. Er griff in seine Tasche. „Okay", sagte er ernst. „Dann rasten wir hier und schlafen, wir sind nicht mehr fit genug für den weiten Umweg. Wenn wir aufwachen, gehen wir flussaufwärts bis zu der Stelle, wo man über die Felsen hinweg über den Fluss kommt." Dann schaute er sie an, zog eine kleine Schachtel aus der Tasche und fügte versöhnlich hinzu: „Ich hätte sowieso nicht gewusst, wie ich die Streichhölzer trocken über den Fluss bekommen könnte. Wir schlagen hier ein Lager auf. Feuer und Jagdbeute haben wir, es darf nur nicht regnen!"

Alex kümmerte sich um trockenes Holz und legte Steine um die Feuerstelle. Sarah war für das Essen zuständig. Sie empfand Abscheu vor der Arbeit, die nun vor ihr lag, denn sie musste die Jagdbeute für das Essen vorbereiten. In der Theorie war alles ganz einfach, das hatte sie hundertfach in ihrem Dorf beobachtet, aber es jetzt alleine zu tun, kostete sie große Überwindung.

Vor Alex wollte sie jedoch nicht noch mehr Schwäche zeigen. Es war ihr schon schwer gefallen, ihm zu enthüllen, dass sie Angst vor dem Wasser hatte. Er spielte sich auch so schon ständig als der Starke, als der Beschützer auf. So sammelte sie nun all ihre Kräfte und ging konzentriert an die Arbeit. Sie versuchte, es so selbstverständlich wie möglich aussehen zu lassen, machte dabei witzige Bemerkungen und erzählte Geschichten aus ihrem Dorf.

Es regnete nicht, der Mond schien am wolkenlosen Himmel, das Feuer brannte angenehm wärmend und im Hintergrund waren die Geräusche des Flusses und des Waldes zu hören. Nach dem Essen war Sarah satt wie lange nicht mehr. Zufrieden legte sie sich auf das Laub, das sie im Wald gesammelt hatten. Sie schloss die Augen und dachte beim Einschlafen wie immer an ihre Eltern und ihr Zuhause, nach dem sie sich sehnte.

Ihr Schlaf war tief und ihr Traum merkwürdig real. Sie sah einen Berg oder eher einen hohen Felsen, zu dessen Füßen ein See lag. Auf ihm schimmerte es kaum merklich in sanften Lilatönen. Die Gräser an der Böschung wiegten sich im Wind. Ein dichter Wald grenzte an den Berg und reichte fast bis an den See.

Dann sah sie im Traum sich selbst, wie sie ganz ohne Angst ins Wasser ging, schwamm und tauchte. Tiefer und tiefer tauchte sie, dunkler wurde es, je tiefer sie kam, und dann plötzlich heller. Das Licht war jedoch wärmer als das kalte Mondlicht zuvor.

Dann sah sie die Quelle des Lichts. Auf dem Grund des Sees, der nicht sonderlich tief war, wuchsen leuchtende Korallen. Sie leuchteten in einer Farbe, die Sarah von irgendwoher kannte, einem funkelnden Gemisch aus Purpur, Violett und Rot. Die Traumfigur Sarah streckte ihre Hand nach den Korallen aus. In dem Moment, da sie die Korallen berührte, fuhr ein Blitz durch ihren Körper, von dem Sarah aufschreckte.

Der Traum hatte Spuren hinterlassen, sie fühlte sich, als hätte sie das Abenteuer im See tatsächlich erlebt, als sei sie gerade erst wieder aus dem Wasser aufgetaucht. Ihre Fingerspitzen kribbelten, als habe sie eben noch die Korallen berührt. In ihrem Dorf glaubten viele Menschen an die Macht der Träume und hingen sogar Traumfänger im Zimmer auf, die sie vor bösen Träumen schützen sollten. Wäre sie zu Hause, würde sie erst einmal im Internet forschen, ob Korallen tatsächlich leuchten konnten. Als Kind hätte sie ihren Großvater gefragt, was dieser Traum wohl bedeuten konnte. Doch in dieser Welt war niemand außer ihr und Alex. Und den konnte sie nicht fragen, er würde Traumdeutung lächerlich finden, da war sie sich sicher.

Kapitel 8: Verletzungen (..............................)

Die Glut war erloschen, als sie viele Stunden später als geplant wieder in ihrer Höhle im Berg angekommen waren. Sarah hatte gleich damit begonnen, die Felle der Jagdbeute zu gerben, doch ihr Fleiß hatte Alexanders Ärger über die erloschene Glut nicht lindern können. Zwei Streichhölzer hatte ihn Sarahs Weigerung, das Gewässer zu durchqueren, gekostet – eines für das Feuer im Lager am Fluss und eines für das Feuer hier in der Höhle.

Seine Laune hatte sich auch nicht gerade verbessert, als er versucht hatte, ein großes, leuchtendes „SOS" auf den Boden zu schreiben. Nachdem er beim Lagerplatz ein s-förmiges Loch vorbereitet hatte, war er in den Wald gegangen und hatte leuchtende Pflanzen ausgegraben. Diese hatten jedoch aufgehört zu leuchten, noch bevor er die dafür ausgehobene Grube erreicht hatte. Bald darauf waren die Pflanzen verwelkt.

Sarah kam zurück von ihrem Gerberplatz am Fuß des Berges und blickte auf die verdorrten Pflanzen, die in Form eines „S" in die staubige Erde eingegraben waren.

„Die Mühe war wohl umsonst", ...

.... (Sarah), als sie auf die verdorrten Pflanzen blickte. „Na und?", ...

.... (Alex), drehte sich abweisend um und ging auf die Höhle zu. „Das hätte sowieso nichts

gebracht", ... (Sarah). „Du glaubst doch wohl selbst nicht daran, dass hier Hubschrauber herumdüsen

werden, die uns suchen." Sie blickte umher und deutete mit der

1. Im folgenden Dialog fehlen die Redebegleitsätze. Bearbeite M15, um passende Verben zu finden.
2. Ergänze die fehlenden Redebegleitsätze im Präteritum. ➝ M15

Hand in die Ferne. Dann ....

(Sarah): „Das hier ist eine ganz eigene Welt, hier gibt es keine Hubschrauber, keine Rettungsteams, keine Sonne. Hier gibt es Monster
in Seen, leuchtende Blumen und Dunkelheit." Nach einer Weile

.... (Sarah): „Und uns."

Plötzlich drehte sich Alex ruckartig zu ihr um und wütend

.... (Alex): „Ich versuche wenigstens

etwas zu tun, um uns zu retten!" „Ach", ...

.... (Sarah), „ich sitz wohl nur blöd herum oder wie?"

Ihre Augen funkelten ihn an. Er lachte kurz auf, es klang aber eher

verzweifelt als belustigt. Dann ....

(Alex): „Schlimmer! Du verschwendest unsere Streichhölzer. Und

mit unserem mühsam herbeigeschleppten Wasser gießt du deine

Leuchtpflanze!" Nun war es Sarah, die ein Geräusch machte, als

lache sie. „Du bist ja nur neidisch, weil meine Pflanze nicht einge-

gangen ist so wie deine", ... (Sarah).

Der letzte Satz hatte offensichtlich gesessen. Sarah sah, wie Alex
wütend zu den verdorrten Pflanzen lief. Jede einzelne riss er heraus
und warf sie mit Wucht in die Richtung des Waldrands.

Doch diese Genugtuung reichte Sarah nicht. Es war so undankbar
von ihm, ihr das mit den Streichhölzern vorzuwerfen. Schließlich
hatte sie gerade in letzter Zeit so viel zu ihrem gemeinsamen Leben
hier beigetragen. Ohne sie hätte Alex die Jagdbeute niemals bearbeiten und schon gar nicht die Felle für das Gerben vorbereiten
können. Das hatte sie erledigt und es hatte sie große Überwindung
gekostet! Und das zählte nun gar nichts? Wütend fuhr sie ihn an:
„Wer von uns beiden ist als Schmock in einer Villa aufgewachsen,

hatte alles in Hülle und Fülle? Erzähl du mir was von Verschwendung!"

Da drehte sich Alex erneut zu ihr um und donnerte: „Die roten Kreidesteine, die ich gefunden habe, hast du vorher sogar benutzt, um Bilder von uns und dem Tor an die Höhlenwand zu malen!"

Ja, es stimmte, sie hatte gezeichnet, aber um die Zeichnung selbst ging es ihm scheinbar gar nicht. Sie stemmte ihre Fäuste in die Hüften und rief bissig zurück: „Damit meinst du wohl, dass ich

....

....

....

....„"

3. Bearbeite M16 und ergänze dann, was Sarah als eigentliche Botschaft dieses Satzes an sie versteht. → M16

Sie wartete nicht auf eine Antwort von ihm. Das war einfach zu viel. Schon die ganze Zeit über hatten sie sich ständig gestritten, aber immer war er einigermaßen diplomatisch geblieben. Nun hatte er wohl sein wahres Gesicht gezeigt. „Du bist nicht besser als die anderen Leute von *Price*!", schmetterte sie ihm entgegen. Sich umdrehend fuhr sie fort: „Mit einem so egoistischen Kerl, der andere mit Füßen tritt, will ich nichts mehr zu tun haben. Behalt deine blöden Streichhölzer, ich komme auch ohne die klar! Und ohne dich sowieso!"

Schon als sie mit großen Schritten in die Richtung des Waldrands aufbrach, füllte sich ihr Herz mit Zweifel und Furcht. Eine schreckliche Einsamkeit würde sie erwarten, der sie sich nicht gewachsen fühlte.

Sollte sie jetzt stehenbleiben? Umkehren? Dann hätte Alex gewonnen, er wäre der überlegene Beschützer und sie das unüberlegt handelnde, hilflose Mädchen. Sie kämpfte gegen ihre innere Stimme an, die ihr befahl, zu bleiben. Der Trotz in ihr siegte. Tränen flossen ihr über die Wangen, ihr Herz schlug rasend, aber sie lief weiter.

Kapitel 9: ....

.... (......................................)

☐ **1**

Alex lief am Sockel des Berges auf und ab und kickte einen kleinen Stein herum. Sonst fielen ihm Entscheidungen leicht, man musste nur alle Möglichkeiten gegeneinander abwägen und dann war es offensichtlich, was zu tun war. Doch nun war er ratlos.

1. Finde am Ende des Kapitels selbst eine Überschrift, die neugierig auf den Text macht.

2. Es folgen zwei unterschiedliche Anfänge des Kapitels. Du hast Alex bereits kennengelernt. Wähle den Anfang aus, der besser zu deinem Bild von Alex passt.

Im ersten Moment hatte er noch den Impuls gehabt, Sarah zu folgen. Mit ihrem schlechten Orientierungssinn würde sie sich sicherlich verlaufen! Außerdem lauerten Gefahren da draußen. Wer weiß, was passiert wäre, wäre er ihr damals bei dem Angriff am See nicht zu Hilfe gekommen. Doch sie hatte ihren Standpunkt eben sehr deutlich gemacht. Sie wollte nicht, dass er ihr weiter half. Und das musste er respektieren.

Aber einfach hier zu bleiben und nichts zu tun, außer auf ihre Rückkehr zu warten, konnte er nicht. Er musste sich auf andere Gedanken bringen und das beste Mittel dafür war das Laufen!

☐ **2**

Alex war nicht leicht aus der Ruhe zu bringen. Während andere auf ihn wirkten, als sei deren innere Ausgeglichenheit abhängig von einer empfindlichen Waage, auf deren eine Waagschale man nur den kleinsten Anlass zu legen brauchte, um das Gleichgewicht zu stören, blieb er immer ruhig. Seine Mutter hatte ihn immer dafür bewundert, wie gelassen er die Ausraster seines Vaters hatte hinnehmen können. Die Stimme seiner Mutter hingegen war beim kleinsten

51

Streit schrill geworden, ihre Wangen hatten sich rot gefärbt und ihre Augen hatten gewirkt, als würden gleich Blitze daraus hervorschießen.

Aber nun war selbst Alexanders innere Ruhe dahin. Sarah war zu weit gegangen. Das war kein kleiner Anlass mehr, das war ein Felsbrocken, den sie auf seine innere Waage gefeuert hatte. Sollte sie doch selbst sehen, wie sie klar kam! Mit Wucht trat er gegen einen faustgroßen Stein, der mit einem lauten Krach gegen den Felsen donnerte und zerbrach.

Er musste sich abreagieren, seine Wut herauslassen und das beste Mittel dafür war das Laufen!

Das unwegsame Gelände bot ihm beste Voraussetzungen dafür. Kaum war Alex losgelaufen, konnte er alle Gedanken an Sarah verdrängen, er wurde eins mit seiner Umgebung, sein Kopf machte sich selbständig. Er dachte nicht darüber nach, ob er sich mit der Hand abstützen und seitlich über den im Weg liegenden Felsen springen oder besser auf ihm landen und den Abstand zum Boden mit einer Rolle überbrücken sollte. Sein Körper machte einfach das, was sich am besten anbot. In der Geschmeidigkeit seiner Bewegungen glich er einer Raubkatze, die durch ihr Revier glitt.

Nach und nach veränderte sich die Umgebung. Hatte er zuvor weite Strecken rennend zurückgelegt, rückten die Hindernisse nun näher aneinander. Er sprang, kletterte, duckte sich. Die Kronen der Bäume wurden dichter, das Mondlicht fand seinen Weg kaum noch zum Waldboden. Eine zunächst kaum spürbare Angst machte sich langsam in ihm breit, doch er rannte weiter in den Wald hinein …

3. Würfle, um herauszufinden, was Alex dort erwartet:

⚀ Bäume, deren Äste Armen gleichen, die Alex fangen wollen

⚁ riesige fleischfressende Pflanzen

⚂ aus dem Boden schießende Schlingpflanzen, die nach ihm greifen

⚃ Blumen, die ihn locken, dann aber einen giftigen Staub versprühen

⚄ Treibsand/ Moor, in dem er zu versinken droht

⚅ Höhle mit Steinen, die herabfallen und ihn darin einschließen

4. Bearbeite M17, um Alexanders Erlebnis zu beschreiben, das du ausgewürfelt hast. Am Ende deines Texts, muss er unbeschadet wieder am Lagerplatz beim Berg ankommen.

→ M0a + M17 ✏

5. Zeichne ein Bild, das zu diesem Abenteuer im Wald passt. Wende die Tipps in M6 beim erneuten Lesen deines eigenen Texts an.

→ M6

6. Überprüfe die Zeichnung mithilfe von M18. → M18

7. Denk daran, eine Überschrift für das Kapitel zu finden.

Kapitel 10: Der Befehl (....)

1. Lies zuerst die Kapitel 10–12 und schreibe
dir dabei alle Wörter, die du nicht kennst,
auf je eine blaue Karteikarte. Schreibe die
Bedeutung auf die Rückseite. → M06

2. Wenn du dir einen Überblick über die Kapitel 10–12 verschafft hast, beginnst du mit
den Aufgaben ab Nummer 3 in der vorgegebenen Reihenfolge.

In Sarahs Kopf drehten sich zwei verzweifelte Gedanken in immer neuen Variationen: Sie wollte zurück zu ihrer Höhle und zurück zu Alex, sie hielt die Einsamkeit nicht aus. Käme sie aber jetzt einfach wieder, hätte Alex gewonnen und sie wäre für den Rest ihrer Zeit hier das unbehol- fene kleine Mädchen, das Alexander in ihr sah. Nichts würde sich jemals ändern. Sie konnte nicht umkehren.

Sarah hatte kein Ziel, aber stehenbleiben konnte sie auch nicht. Sie griff nach ihrem Armreif, den ihre Mutter ihr geschenkt hatte, und schloss die Augen. Um sich Mut zu machen, sagte sie laut: „Ich suche mei-

3. Bearbeite M19, um die Tempus- formen in den farbigen Textteilen zu bestimmen. → M19

nen Weg. Ich werde ihn finden. Wenn ich es geschafft habe, werde ich zurückkehren. Alex wird auf meine Rückkehr gewartet haben und wird erleichtert sein, mich zu sehen. Dann fangen wir neu an – als gleichgestellte Partner im Kampf mit dieser dunklen Welt …"

Sie lief weiter, es kam ihr endlos vor. In ihrem Inneren hoffte sie darauf, dass sie auf ihrem Weg auf etwas stoßen würde. Etwas, das ihr sagen würde, was zu tun war. In den alten Geschichten ihrer Vorfahren tauchten immer wieder Tiere oder irgendwelche Dinge auf, die den Menschen etwas mitteilten, die ihnen halfen. Ihr Groß- vater hatte ihr oft davon erzählt. In lange vergangenen Zeiten hatten sich alle werdenden Krieger alleine auf den Weg in die Wildnis ge- macht, um etwas über sich selbst zu erfahren und etwas für sie Be- deutendes zu finden.

Doch hier tauchte gar nichts auf, sie fand nichts. Nichts. Die Dinge um sie herum blieben stumm. Nur der immer gleiche Mond leuchtete auf sie herab, als beobachte er ihre Schritte. Ihre Schritte, die immer kürzer wurden, denn das Laufen hatte sie müde gemacht. Aber sie blieb nicht stehen. Erst als ihre Füße sie nicht mehr trugen, legte sie sich hin und schlief. Als sie erwachte, lief sie weiter wie eine Lokomotive auf den Gleisen, deren kerzengerader Weg durch die Einsamkeit nur von kurzen Ruhepausen unterbrochen war, die sie zum Schlafen nutzte.

Sobald sie wach war, ging sie weiter und weiter. Sie schaute nicht zurück, sondern sah nur _____ dunkle Weite, die vor ihr lag. _____ schmerzenden Füße beachtete sie nicht. Sie atmete tief ein und roch _____ trockenen Staub am Boden und _____ Nachtluft. Mit jedem Schritt fühlte sie _____ Einsamkeit und _____ Leere um sie herum umso stärker. Nachdem sie eine lange Zeit gelaufen war, konnte sie nicht mehr und blieb stehen. In der Nähe fand sie einen Stein, auf den sie sich setzen konnte, und ruhte sich aus. Sie sammelte _____ Beeren, die an einem Busch am Felsrand wuchsen, und aß sie gierig auf.

Dann lief sie wieder weiter. Die Umgebung um sie herum begann sandiger zu werden. Sie fand kaum noch Pflanzen oder Tiere. Ein seltsames Unbehagen ergriff sie, während sie weiter und weiter lief. Alles wirkte – leblos. Immer wieder sah sie sich ängstlich nach allen Seiten um, doch nie sah sie etwas wirklich Bedrohliches.

4. Hier fehlen bestimmte Artikel und Possessivpronomen. Bearbeite M20, um sie im richtigen Kasus einzusetzen. Die Tabellen in M1 und M20 helfen dir. → M1 + M20

Die Landschaft _____ war

_____ als _____,

wo sie ihr Lager aufgeschlagen hatten. Die

Fläche war eben. Nur am Horizont erkannte

sie zwei hohe Felsen, zwischen denen sich ein _____ 5

breiter, aber nicht _____ hoher Hügel erhob. Sie lenkte

ihre Schritte darauf zu. Das Unbehagen wuchs, _____

lief sie weiter, sah sich _____ aber immer wieder um.

_____ hatte sie _____ den Eindruck,

aus den Augenwinkeln etwas zu sehen, doch _____, 10

wenn sie den Kopf drehte, war es verschwunden.

Als sie sich näherte, erkannte sie, dass hinter einem der Felsen in
einiger Entfernung etwas verborgen gewesen war, das sie nun plötzlich im Mondlicht auftauchen sah – konnte es wahr sein? Es war
kaum zu fassen: Das Tor! Es war eindeutig das Tor, durch das sie in 15
diese Welt gelangt waren. Das Tor, das sie so verzweifelt gesucht und
nie wiedergefunden hatten. Nun stand es ganz unverhofft da. Es
wirkte größer und mächtiger als sie es in Erinnerung hatte. Und
dunkel und still. Doch nicht tot wie die übrige Landschaft. Eher wie
ein Tier, das reglos auf Beute wartete. Sie spürte etwas, das sie nicht 20
in Worte fassen konnte. Vermutlich war das Wort, was dem am
nächsten kam, „Magie".

Vielleicht war das nun das Zeichen, auf das sie während ihrer langen Wanderung gewartet hatte? Das Zeichen für den suchenden
Krieger, von dem ihr Großvater immer gesprochen hatte? Der Ge- 25
danke gab ihr Kraft. Sie umfasste ihren Armreif und zielstrebig ging
sie auf das Tor zu. Schon von Weitem spürte sie ein Beben in der
Erde, das umso stärker wurde, je näher sie dem Tor kam. Es war ihr,
als könne sie die schwere Last der Steine fühlen, aus denen das Tor
bestand. 30

5. Bearbeite M21.

6. Setze die passenden Adverbien
   aus der Tabelle in M21 in den
   Text ein.   ➞ M21 🔑

Die Stimme, die plötzlich dröhnend die Luft erfüllte, war laut und tief. Sarah hörte sie nicht nur, sie fühlte die Stimme. Trotzdem empfand sie keine Angst. Sie war beeindruckt von der Größe, fühlte sich klein vor dem mächtig wirkenden Bauwerk. Das Gefühl, das sie hatte, war Ehrfurcht, aber ohne jeden Schrecken.

Das Tor richtete nur vier Worte an sie, deren Bedeutung sie aber sofort verstand: „Bring mir die Koralle!" Vor ihrem inneren Auge sah sie die Koralle aus ihrem Traum auftauchen. Natürlich – ihr purpurfarbenes Leuchten war das gleiche wie das, das damals den Torbogen gefüllt hatte, als sie in diese dunkle Welt geraten war. Was würde geschehen, wenn sie die Anweisung ausführen würde? Würde das Tor ihr den Rückweg öffnen? Und Alexander? Für einen Moment blieb sie unschlüssig stehen, doch Fragen zu stellen, wagte sie nicht. Das Grollen im Boden wurde lauter, sie spürte es am ganzen Körper. Schnell wandte sie sich zum Gehen. Ohne sich noch einmal zum Tor umzudrehen, hastete sie in die Richtung, aus der sie etwa gekommen war.

Sie fühlte sich befreit. Zum ersten Mal hatte sie das Gefühl, zu ahnen, dass es einen Grund gab, warum sie hier war, zu ahnen, dass alles irgendwie einen Sinn machte. Den Zweck, warum sie die Koralle zum Tor bringen sollte, hatte sie nicht erfahren. Tief in ihrem Inneren war sie sich aber sicher, dass das Tor ihr den Rückweg in ihre eigene Welt ermöglichen würde, wenn sie seinem Befehl folgte, das spürte sie. Wäre der Weg dann auch für Alex frei? Er musste unbedingt so schnell es ging von ihrer Begegnung mit dem Tor erfahren!

Doch wie sollte sie zurückfinden? In dieser Einöde sah alles gleich aus, der Wind hatte ihre Spuren im Sand längst verwischt. Eine Weile folgte sie einfach ihrem Gefühl und lief weiter. Sie versuchte, sich die wenigen Büsche und Steine, an denen sie sich orientieren konnte, einzuprägen. Doch ihr Mut und ihre Kraft schwanden langsam. Wenn sie nun in die falsche Richtung lief? Wenn sie ihren Lagerplatz nie wiederfinden würde?

Als hätten die Wolken am Himmel Mitleid mit ihr gehabt, zogen sie plötzlich weiter und ließen das Mondlicht auf den hohen Berg fallen, dessen Spitze über die weite Ebene hinweg sichtbar wurde. Der Lagerplatz! Dort war ihr Lagerplatz! Die Erleichterung, die Sarah fühlte, war unbeschreiblich.

Doch wich die Last nicht ganz von ihrem Herzen. Etwas ließ sie trotzdem nicht los: Der Gedanke an Alexanders Reaktionen verdunkelte ihre Freude. Was war, wenn sie ihre Angst nicht überwinden und keine Koralle finden würde? Würde er alleine die Koralle holen und zum Tor bringen? Würde er Sarah hier zurücklassen und selbst durch das Tor gehen – ohne sie? Nein, das würde er doch nie tun … Oder?

Kapitel 11: Die Wiederkehr (...........................)

Das war keine Täuschung! Sarah! Obwohl ihnen an ihrem Lagerplatz nie etwas zugestoßen war und sie nie Spuren anderer Menschen gefunden hatten, war Alex immer auf der Hut. Jede Bewegung, die er wahrnahm, weckte sein Misstrauen. Doch Sarahs Gang war ihm mittlerweile so vertraut, dass er sie schon von Weitem erkennen konnte. Endlich! Die Zeit, in der sie fortgewesen war, hatte sich wie eine Ewigkeit angefühlt. Die Sorge um sie hatte ihn kaum schlafen lassen. Er sprang auf und rannte ihr entgegen. Erleichtert nahm er den glücklichen Ausdruck auf ihrem Gesicht wahr. Ihr war nichts Schlimmes zugestoßen.

„Sarah", rief er, „wo bist du gewesen?" Vor Aufregung ließ er sie gar nicht zu Wort kommen und erklärte: „Ich habe mir Sorgen gemacht. Was hast du dir dabei gedacht? Denk an das Monster im See! Was dir alles hätte passieren können! Du warst so leichtsinnig!" Er wollte sie in den Arm nehmen, doch sie ging einen Schritt zurück. Die Freude wich aus ihrem Gesicht und sie starrte ihn einen Moment lang an.

„Nichts ist passiert", warf sie ihm niedergeschlagen entgegen. „Ich kann gut auf mich selbst aufpassen, auch wenn du das noch immer nicht begriffen hast", ergänzte sie und schob sich an ihm vorbei. Am Lagerfeuer ließ sie sich fallen und vergrub ihr Gesicht in den Händen.

Alex folgte ihr. Sarah sah erschöpft aus. Sicherlich brauchte sie einfach etwas Ruhe. Er brachte ihr eine Decke. Ohne sich zu bedanken, nahm sie sie entgegen, legte sie aber achtlos neben sich. „Wo warst du denn?", fragte Alex erneut, doch er erhielt keine Antwort. Sarah rollte sich am Feuer zusammen und schlief ein. Alex legte die Decke über sie, die er in ihrer Abwesenheit aus den gegerbten Fellen mit Fasern zusammengenäht hatte. Er blieb neben ihr sitzen und bewachte ihren Schlaf.

Irgendwann musste er auch eingeschlafen sein. Als er wieder erwachte, lag Sarah eng an sein Bein geschmiegt da und schlief. Mit seinen Fingerspitzen streichelte er über die mittlerweile verblasste und herausgewachsene blaue Strähne in ihrem Haar. Sie musste es gemerkt haben, denn nun wachte auch sie auf. Als sie die Nähe zu Alex bemerkte, wich sie zurück und blickte ihn finster an. Er lächelte versöhnlich. „Iss erst einmal was, du musst hungrig sein", sagte Alex, stand auf und holte ihr etwas zu essen. Er verstand nicht, weshalb sie ihn noch immer so abweisend anblickte. Vielleicht würde ihr die positive Nachricht, von der er ihr erzählen wollte, gut tun. Also berichtete er:

„Ich habe unser Wasserproblem gelöst! Wir müssen kein Wasser mehr zum Lagerplatz bringen oder zum Trinken zum Bach laufen. Das wollte ich dir schon die ganze Zeit erzählen. Auf dem Rückweg habe ich nämlich

1. Diese Übung verknüpft dein Wissen, das du zum Akkusativ und zum Dativ erlangt hast. Bestimme mithilfe von M1 und M20 den Fall, den die unterstrichenen Verben fordern, und markiere sie farbig (Akkusativ grün, Dativ gelb). → M1 + M20
2. Füge den fehlenden Artikel / das fehlende Pronomen ein. Die Tabelle in M1 hilft dir dabei. → M1 🗝

_____ Süßwassersee gefunden. Die Gegend hat _____ sofort gefallen. Es gibt dort eine Höhle. _____ Höhle könnte man als Unterschlupf nutzen."

Bei dem Wort „See" war sie zusammengezuckt und murmelte nun: „Ein See – das ist viel zu gefährlich!" Alex reichte ihr die Hand und half _____ Mädchen aufzustehen. Zu seiner Verwunderung zog sie die Hand nicht zurück. Wahrscheinlich kamen in ihr die Erinnerungen an das Erlebte hoch.

„Keine Sorge" <u>antwortete</u> er _____ Gefährtin
lächelnd, „ich weiß, dass es dir schwerfällt, _____
Schmock zu <u>vertrauen</u>, aber ich habe mich _____
See vorsichtig <u>genähert</u> und _____ Umgebung
lange <u>beobachtet</u>. Nach einer Weile habe ich _____
großes Tier <u>gesehen</u> und es ist ohne Angst zum See gegangen, um zu
trinken. _____ Tier ist nichts <u>passiert</u>! Ich habe
dann _____ Stein geworfen, der in der Mitte des
Sees gelandet ist und wieder ist nichts passiert. Außerdem war es
dort nicht so unheimlich wie an dem anderen See. Ich konnte hier
_____ leichtes purpurfarbenes Leuchten auf der
Wasseroberfläche <u>erkennen</u>. Auf dem anderen See hatte ein unheim-
licher grüner Schimmer gelegen."

Sarah <u>ließ</u> _____ Hand noch immer nicht <u>los</u> und
schaute ihn an. Dann sprach sie mit großem Ernst in der Stimme:
„Wir sollten _____ ewigen Streitereien <u>vergessen</u> und
uns _____ neues Lager am See <u>bauen</u>."

Sie stand auf und alle Müdigkeit schien aus ihr gewichen zu sein.
Plötzlich lag ein Ausdruck auf ihrem Gesicht, den Alex von ihr nicht
kannte. Etwas Wichtiges lag ihr auf dem Herzen, das sah er. All ihre
sonstige Unsicherheit und Überspanntheit war weg. Sie schaute
ihm direkt in die Augen und atmete tief ein. Dann erklärte sie: „Ich
hatte …", sie machte eine kurze Pause und fuhr dann fort, „eine Vision. Darin sah ich einen See. Deine Beschreibung passt genau dazu.
Ich will weg aus dieser Welt. Durch meine Vision bin ich sicher, dass
wir dort am See Antworten finden. Oder sogar einen Weg nach
Hause!"

Alex hatte gelernt, dass es manchmal besser war zu schweigen. Visionen? Das war albern. Ihre Rede von einer Vision erinnerte ihn an die esoterisch angehauchten Jugendlichen in den Protestcamps, die Glöckchen an ihre bunten Zelte hängten und am Lagerfeuer zu Gitarrenklängen Lieder über Frieden sangen. So etwas war völlig unvernünftig. Er hütete sich aber davor, ihr das zu sagen. Wenn es ihr Halt gab, war es in Ordnung. Und schließlich war es egal, aus welchem Grund sie mit ihm zum See ziehen würde. Hauptsache sie kam mit. Also nickte er nur und begann, gemeinsam mit ihr das Lager abzubauen.

Kapitel 12: Die Geheimnisse des Sees

(...............................)

Es schien Sarah, als sei es in der neuen Felsenhöhle wärmer als in der alten Höhle am Berg. Vielleicht lag es aber auch nur an der neuen Umgebung und den wärmenden Felldecken, mit denen sie sich in der Höhle eingerichtet hatten. Das Revier bot Alex beste Jagdbedingungen, Wasser gab es im See und alles wirkte friedlich und sanft.

Trotzdem verging Sarahs immer weiter brennende Sehnsucht nach ihrem echten Zuhause auch hier nicht, im Gegenteil. Diese sanfte Umgebung machte es fast noch schwerer, das Gefühl zu unterdrücken. Als sie alleine auf den Decken in der Höhle saß, brach sich Sarahs Heimweh einen Weg durch den harten Panzer, den sie sich zugelegt hatte. Tränen flossen ihre Wangen hinab.

Was würde ihre Mutter jetzt tun, wenn sie hier wäre? Sie würde sie in den Arm nehmen und trösten. Sicher würde sie ihr wie immer erzählen, dass der Traum, den man in der ersten Nacht in einem neuen Bett hat, in Erfüllung ging. Das hatte sie immer gesagt, wenn sie unterwegs gewesen waren. Hier gab es weder Nächte noch Betten, aber trotzdem gab der Gedanke Sarah Kraft. Sie musste unwillkürlich lächeln. Beim Einschlafen hielt sie ihren Armreif fest umklammert.

Im Traum sah sie wieder die rote, von purpurfarbenem Schimmer umgebene Koralle. Dieses Mal jedoch stand sie damit am steinernen Tor. Das Tor war übermächtig und riesig. Das Innere des Torbogens war schwarz oder eigentlich leer. Schwarz wirkte es nur, weil alle Farben und alles Licht fehlten. Die Abwesenheit von allem Existierenden war fast spürbar. Trotzdem schien es gleichzeitig, als lebe das Nichts in dem Durchgang. Es war überwältigend und ein Schauer überlief Sarah, aber Angst spürte sie im Traum keine. Sie hielt die leuchtende Koralle in ihren Händen vor ihrem Körper.

Dann streckte sie sie langsam, aber mit sicheren Bewegungen nach vorne. Sie spürte einen Sog, das Schwarz zog am Licht der Koralle. Das Leuchten löste sich aus den feinen Verästelungen und bildete einen roten und purpurfarbenen Strahl, der ins Schwarz eintauchte. Die Farben flossen weiter und begannen wild im Torbogen zu tanzen, Funken flogen umher und ein tiefes Grollen ertönte, das so laut war, dass sie davon erwachte.

Im ersten Moment fiel es ihr schwer, zwischen Traum und Realität zu unterscheiden, sofern man hier überhaupt von so etwas wie Realität sprechen konnte. Das Grollen hielt an. Doch dann sah sie, dass Alex einen schweren Stein zur Seite schob, der in der Höhle im Weg gelegen hatte. Das also war das Grollen gewesen, von dem sie aufgewacht war.

„Entschuldigung", sagte er, „ich wollte dich nicht wecken." „Schon gut", antwortete sie und stand auf. Sie beobachtete, wie er sich mit dem Stein abmühte, und wusste, dass sie dringend mit ihm sprechen musste.

Als sie damals von ihrem Weg zum

Tor .... (zurück • kommen) war, hatte sie ihm

alles .... (erzählen • wollen). Sie hatte ihm von

dem Ausweg .... (berichten •

wollen), doch dann hatte Sarah es nicht getan. Zu wütend hatte Alex

sie mit seinen besorgten Vorwürfen gemacht!

Doch was wäre, wenn er .... (heraus •

finden) würde, dass sie ihm etwas so Wichtiges verschwiegen hatte – die bisher einzige Möglichkeit, dieser Welt zu entkommen? Was wäre, wenn er dann eine Koralle holen und alleine durch das Tor

> 1. Bearbeite M22, um zu entscheiden, ob du getrennt oder zusammenschreiben musst.
>
> **Tipp:** Bei der Bildung der richtigen Tempusform hilft dir M19.
>
> → M19 + M22 🔑

gehen, sie vor Wut .... (zurück •

lassen) würde? Wie sollte .... (sie • selbst)

nach einer Koralle tauchen, wenn sie sich ....

(nicht • einmal) an die Böschung des Sees ....

5 (heran • wagen)? Behutsam und Stück für Stück wollte sie ihr Ge-

heimnis jetzt .... (auf • decken).

„Setzt du dich mit mir an den See?", fragte sie. Sarah ....

(vor • gehen) und Alex folgte ihr. Sie spürte seinen Blick auf sich

ruhen und drehte sich um. „Ist was?", fragte sie. „Die langen Haare

10 stehen dir gut", sagte er und lächelte. „Auch dass die Strähne

.... (heraus • wachsen) ist, sieht super aus.

Passt noch besser zu dir!"

Dann sah er zum Mond hinauf und murmelte: „Und damit ist
auch klar, dass die Zeit hier nicht stehengeblieben ist, was man vom
15 Mond nicht behaupten kann." Sarah schubste ihn mit der Schulter
an und sagte freundlich lachend: „Du bist echt ein Schmock!"

Sie setzten sich an den See, wenn auch mit einem kleinen Abstand
zur Böschung. Ganz geheuer war ihr der See noch immer nicht und
Alex schien das zu respektieren.

20 Sie musste ihm die Wahrheit sagen, aber wie? Sie dachte an ihren
Traum.

2. Zeichne ein genaues Bild zu Sarahs Traum vom steinernen Tor, kurz bevor sie
erwacht. Lies dafür mithilfe von M6 die Details in Kapitel 12 noch einmal nach.
Lass dich für die genaue Beschreibung des Tors auch von Kapitel 10 inspirieren.

Tipp: Sarah muss nicht ganz abgebildet sein, es reicht, wenn ihre Hand zu sehen
ist. → M6

3. Überprüfe die Zeichnung anhand der Checkliste in M23. → M23

Zögerlich sagte sie: „Im See ist etwas, das wir brauchen. Etwas, von dem dieses purpurfarbene, sanfte Schimmern ausgeht. Man sieht das Schimmern eigentlich nur, wenn man den grünen See als Vergleich hat, aber es ist da. Du siehst es doch auch, oder?" Alex nickte. Dann fuhr Sarah fort: „Dort unten in der Tiefe sind leuchtende Korallen. Du musst eine holen. Die Koralle ist der Schlüssel zu unserem Weg zurück in die normale Welt."

Sie war sich nicht sicher, was Alex davon hielt, ob er das als Spinnereien abtat. Sein Gesichtsausdruck verriet nichts. „Was meinst du mit Schlüssel?", fragte er. Dann fuhr er fort: „Ein Schlüssel bringt nichts, wenn das passende Schloss fehlt. Was sollen wir denn mit der Koralle anfangen?" Sarah konnte ihm nicht in die Augen sehen und versuchte, ihre Stimme sicher klingen zu lassen und log: „Das werden wir dann schon sehen. Erst einmal die Koralle."

Alex zögerte. „Deine Vision?", fragte er knapp. Sarah nickte und hielt den Atem an. Wie könnte sie ihn überzeugen? So ganz sicher, ob im Wasser keine Gefahr lauerte, war sich Alex offensichtlich auch nicht. Er war zwar bereits mehrmals ins Wasser gegangen, aber nur ein kleines Stück. Sie hatte ihn noch nie darin schwimmen sehen. Zu ihrer Überraschung wies er ihre Idee jedoch nicht gleich zurück. „Okay. Angenommen da sind Korallen am Grund des Sees und angenommen, ich kann bis dorthin tauchen. Wie soll ich da unten etwas sehen und die Korallen finden? Das Mondlicht ist zu schwach, nach einem halben Meter wird es stockfinster sein."

Sarah gab sich alle Mühe, überzeugend zu klingen: „Die Korallen leuchten! Du wirst sie sehen, ganz sicher!" Eine Weile waren beide still, Alex wirkte konzentriert. Sarah spielte nervös mit ihren Fingern. Vielleicht war es auch eine ganz dumme Idee. Alex jedenfalls schien es albern zu finden, das tat er meistens, wenn sie eine Idee hatte. Dieses Mal hatte er wahrscheinlich Recht. Es war zu leichtsinnig. Und dann stand Alex plötzlich auf, zog seinen Kapuzenpulli aus und sprang ins Wasser.

Sarah fuhr hoch und presste beide Hände, zu Fäusten geballt, an ihren Mund, um nicht zu schreien. Ja, sie hatte gewollt, dass er es tat. Doch nun, da er im dunklen Wasser verschwunden war, brach

Panik in ihr aus. Er war der einzige Mensch hier außer ihr. Was, wenn es doch auch in diesem See gefährliche Wesen gab? Was, wenn er nicht wieder auftauchen würde? Was, wenn sie den Rest ihres Lebens alleine hier verbringen musste? „Alex!", schrie sie, auch wenn sie wusste, dass er sie im Wasser nicht hören konnte. Ihrem Schrei folgte Stille. Eine gefühlte Ewigkeit verging. Ängstlich starrte sie auf die ruhige Wasseroberfläche, die alles verbarg, was sich darunter ereignen mochte. Dann sah sie plötzlich ein schwaches Leuchten, das im Wasser erschien. Ihre Anspannung fiel von ihr ab, als Alex durch den glatten Spiegel des Wassers hindurch auftauchte. In der Hand hielt er eine Koralle. Als er die Böschung betrat, fiel Sarah ihm erleichtert um den Hals.

Die Koralle war wunderschön. Ihre Arme mündeten in unzähligen Verästelungen. Sie sah aus wie ein uralter, winzig kleiner Baum. Ihr Leuchten war anmutig und warm, obwohl es bei Weitem nicht so strahlend war wie in ihrem Traum. Sie konnte es kaum fassen, konnte den Blick nicht von diesem Wunder abwenden. Doch dann bemerkte sie mit Schrecken, dass der Glanz nachließ, er wurde immer matter. Das durfte nicht sein! So wie das Licht der Koralle verblasste, verblasste auch die Freude in Sarahs Augen. „Nein!", schrie sie und griff nach der Koralle. Sie hielt sie in der Hand und musste zusehen, wie das Licht verstarb. Sie konnte es nicht verhindern. „Nein!", rief sie noch einmal. Tränen der Verzweiflung rannen ihr die Wangen hinab und sie fiel auf die Knie, die Koralle noch immer in den Händen haltend. Da musste sie sich eingestehen, dass sie tief in ihrem Inneren eigentlich gewusst hatte, was unweigerlich hatte passieren müssen. Es war schließlich nicht Alexanders Aufgabe gewesen zu tauchen, sondern ihre.

Kapitel 13: Ein schwerer Schritt

(...........................)

1. Lies zuerst die Kapitel 13–15 und schreibe dir dabei alle Wörter, die du nicht kennst, auf je eine blaue Karteikarte. Schreibe die Bedeutung auf die Rückseite.

→ M0b

2. Wenn du dir einen Überblick über die Kapitel 13–15 verschafft hast, beginnst du mit den Aufgaben in der vorgegebenen Reihenfolge.

Alex hatte ihr erst einmal Zeit lassen wollen. Er hatte darauf gewartet, dass sie selbst anfing, von der Koralle als Schlüssel für den Rückweg zu sprechen. Er wollte sie nicht drängen. Geduldig wartete er. Sarah schwieg. Die Zeit verging.

„Was ist das nur für eine Welt, in die wir hier geraten sind?", fragte Sarah plötzlich, während die beiden auf einem Stein saßen und Pfeile für die Jagd herstellten. Sie schien keine Antwort zu erwarten, ließ den Ast in ihrer Hand sinken und fuhr nachdenklich fort: „Auf die nächste Suche nach dem Tor gehen wir gemeinsam. Vorher lassen wir alle wichtigen Dinge, die man hier braucht, in der Höhle im Berg zurück. Wenn irgendwas schief geht und nur einer von uns aus dieser Welt herauskommt, findet der andere auf jeden Fall den Berg wieder. Den sieht man von überall. Bogen und Streichhölzer sind hier überlebenswichtig. Draußen kann man gut auf sie verzichten."

Es wunderte ihn, dass Sarah sich schon Gedanken um solche Einzelheiten machte, obwohl für sie noch überhaupt keine Aussicht auf eine Heimkehr in Sicht war. Unzählige Male waren sie mittlerweile durch die Gegend gestreift und hatten das Tor gesucht – immer ohne Erfolg. Kaum eine Himmelsrichtung hatte er noch nicht erkundet.

Konnte es sein, dass sie mehr wusste, als sie zugab? Verheimlichte sie ihm etwas? Er nutzte die Gelegenheit und fragte Sarah vorsichtig: „Meinst du, wir kommen denn je hier weg?"

Mit dieser Frage schien sie gerechnet zu haben. Trotzdem wirkte es, als fiele es ihr sehr schwer zu antworten. Sie atmete tief ein. Zögernd sagte sie dann: „Ich muss dir was erzählen." Sie blickte unter sich und mied seinen Blick. Dann begann sie wieder zu sprechen und wie um ihre Erklärung zu unterstreichen, hob sie die Hände, die Handflächen nach oben gedreht. Ihr Gesichtsausdruck verriet, dass in ihr verschiedene Gefühle um die Vorherrschaft kämpften.

„Du warst echt fies, der alte Schmock eben, als ich zurückkam vom Tor." Sie stockte. Er zog die Stirn in Falten und wiederholte ungläubig: „Vom Tor? Von *dem* Tor? Du warst dort?" Er konnte es nicht glauben. Er hatte die Umgebung in Abschnitte unterteilt, die er systematisch untersucht hatte. Erfolglos. Und sie hatte das Tor zufällig ganz alleine gefunden? Wie hatte sie ihm das verheimlichen können?

„Ja", gab sie zu, „und ich wollte es dir erzählen, ehrlich, aber dann … du warst so überheblich, du hast mich nicht ernst genommen." Alex wurde wütend, versuchte aber, seine Wut zu verbergen. Sarah wartete offensichtlich zunächst auf eine Reaktion, auf Vorwürfe, aber er blieb einfach abwartend sitzen. Er wollte eine Erklärung haben, das schien sie zu begreifen, denn sie begann, mit unsicherer Stimme von ihrem langen Weg zum Tor und wieder zurück zu berichten.

> **3.** Schreibe Sarahs Bericht als direkte Rede auf. Lies hierfür zunächst den Merkkasten zur Nacherzählung in M24.
> → M0a + M24 ✏

Als sie mit ihrem Bericht fertig war, begann sie zu weinen. „Es tut mir leid", schluchzte sie. Alex stand auf und ging am Ufer des Sees entlang. Seine Schritte wurden immer schneller. Er begann zu rennen.

Kapitel 14: Überwindung (..)

Alex powerte sich aus. Er rannte durch den Wald und checkte dabei die Umgebung ab, verwendete darauf seine ganze Konzentration. So gelang es ihm abzuschalten. Er wollte das Gespräch mit Sarah für einen Moment vergessen. Rennen war dafür die beste Taktik. Außerdem brachte das Laufen seinen Organismus in Schwung, es machte ihn fit.

1. Bearbeite M25, um mit dem farbigen Text ein Lauf- oder Partnerdiktat zu machen.
→ M25

Er hoffte, nach dem Rennen wieder klar denken, seine Gedanken logisch zusammenpuzzeln zu können. Aktuell herrschte in seinem Kopf nur Chaos: Die Basis seiner Gemeinschaft mit Sarah war zerstört worden. Er hatte ihr vertraut und nicht gecheckt, dass sie ihm etwas Existentielles verheimlichte. Sie hatte ihn fies gefoult, das war unfair.

2. Korrigiere deinen Text selbst oder lasse ihn von einem Partner korrigieren. Übernimm alle Rechtschreibfehler in der korrigierten Form auf weiße Karteikarten.

3. Übe gleich, da du die Karten zur Hand hast, mit deiner Übungskartei.
→ M06

Nach seinem Lauf fühlte Alex sich besser. Nun wusste er, was zu tun war. Ja, sie hatte ihm eine enorm wichtige Information verheimlicht – aus Misstrauen, aus Zorn? Er wusste es nicht. Ihr Verhalten war nicht fair, sogar hinterhältig gewesen, aber er hatte vielleicht auch nicht immer ganz richtig gehandelt. Ohnehin war es jetzt nur die Zukunft, die zählte, und nicht die Vergangenheit. Es war wie beim Parkourlauf: Das Ziel war klar und nun musste er einen erfolgversprechenden Weg finden, um es zu erreichen. Ob sich die enge Bindung zwischen ihnen, die sie geknüpft hatten, wieder aufbauen ließ oder nicht, war nebensächlich – sie mussten jetzt erst einmal die Chancen nutzen, die sie hatten, um hier wegzukommen. Alles Weitere würde sich zeigen.

„Okay", sagte er zu Sarah, als er wieder am See angekommen war. Sie saß noch immer wie versteinert am Wasser. Dann sprach er mit sachlicher Stimme: „Wir wissen beide, was zu tun ist. Ich habe kein Händchen für Viecher und Grünzeug. Das Leuchten der Koralle fing in dem Moment an zu schwinden, als ich sie abgebrochen habe. Wenn wir eine leuchtende Koralle brauchen, wirst du wohl oder übel tauchen müssen. Am besten wir fangen gleich an zu üben. Kannst du überhaupt schwimmen?" Statt zu antworten, zog Sarah einfach die Schultern hoch, nickte dann aber.

„Das ist doch ein Anfang", versuchte er ermutigend zu sagen. Es gelang ihm, seine Gefühle zu unterdrücken und sich auf das Wesentliche zu konzentrieren: Sarah musste ihre Panik vor dem Wasser überwinden!

Dafür hatte er eine Strategie: Für Sarah musste es eine fast unüberwindliche Herausforderung sein, auf sich selbst zu vertrauen und sich dem unberechenbaren Wasser auszuliefern. Die Dunkelheit, die einem den Blick in die Tiefe verwehrte, machte ihr die Sache sicherlich nicht leichter. Selbstvertrauen fehlte ihr. Er war es, der es ihr geben und sie aus ihrer Starre befreien musste.

In betont freundlichem Ton sagte er: „Bestimmt hattest du schon immer so ein gutes Gespür für Tiere und Pflanzen, oder?" Da zeigte sich ein feines Lächeln an ihren Mundwinkeln und ihre Augen leuchteten ein wenig. Sie schien sich an etwas Schönes zu erinnern. Dann sagte sie: „Mein indianischer Name ist

....

Das bedeutet so viel wie „Die mit Tieren und Pflanzen Sprechende". Vielleicht lag meine Familie bei der Namensfindung ja gar nicht so falsch."

4. Denke dir einen passenden Namen aus und schreibe ihn auf die Linie. Auf S.76 taucht der Name ein weiteres Mal auf, dort trägst du ihn dann später ebenfalls ein.

Alex reichte ihr die Hand. Er spürte, dass

Sarah ....

....

....

....

....

....

....

....

....

....

....

....

....

....

....

....

....

....

....

....

5. Bearbeite M26, um weiterschreiben zu können, wie Alex Sarah die panische Angst vor dem Wasser nimmt, so dass sie bis zu den Knien hineingeht. Nutze dabei mindestens vier Wörter aus dem Wortspeicher in M26.

→ M0a + M26

„Ich wusste, dass du das schaffst, ...
(Sarahs indianischer Name). Jetzt stehst du schon einmal bis zu den
Knien im Wasser. Den Rest schaffst du auch! Du bist stark, daran
musst du glauben. Jetzt schließ deine Augen." Sarah schien ihm zu
vertrauen und tat, was er ihr sagte. Er gab sich Mühe, überzeugend
zu klingen und Nachdruck in seine Stimme zu legen, obwohl er
selbst nicht wirklich daran glaubte, was er nun sagte: „Spür die Verbindung zu den Lebewesen im Wasser. Sie geben dir Kraft. Lass dich
von ihnen leiten." Er wartete einen Moment ab und fuhr dann fort:
„Nimm dir Zeit. Konzentrier dich." Dann schwieg er. Alex war sich
nicht sicher, ob sie tat, was er ihr gesagt hatte. Sie stand regungslos
da, ihre Gesichtszüge waren glatt. Über dem See herrschte eine geheimnisvolle, angespannte Stille, als warte der See nun ab, was passieren würde.

Alex hielt Sarah noch immer an der Hand. Es verging eine Weile.
Dann spürte er, dass ihr Zittern aufgehört hatte. Ihre Hand lag ruhig
in seiner Hand. Alex war sich nicht ganz sicher, ob der richtige Zeit-
punkt nun gekommen war. Trotzdem sah er keine andere Möglichkeit und sagte mit Bestimmtheit: „Bei drei tauchen wir. Gemeinsam.
Ich werde bei dir sein." Noch während er zählte, fürchtete er, ihr
Vertrauen zu ihm und zu sich selbst würde nicht ausreichen. Doch
bei „Drei!" ließ Sarah seine Hand los, streckte die Arme empor und
tauchte kopfüber in das düstere Wasser. Alex machte es ihr gleich.

Er befürchtete, dass Sarah der Mut verlassen könnte, sobald das
Wasser dunkler würde. Ungeduldig wartete er auf das Leuchten der
Korallen, Sarah konnte er neben sich im tiefschwarzen Wasser nicht
mehr sehen, das Mondlicht drang nicht bis hierher vor. Da endlich
begann ein leichter purpurfarbener Schimmer die Dunkelheit zu
durchbrechen. Er wurde stärker, je tiefer sie kamen, wenn auch
nicht so stark wie bei seinem ersten Tauchgang. Auf dem Grund des
Sees konnte er zwei Korallen erkennen. In deren Schein erblickte er
Sarah wieder, die konzentriert ihrem Ziel entgegentauchte. Sie ergriff eine der leuchtenden Korallen. Als sie sie vom felsigen Unter-
grund brach, befürchtete Alex, die hellen Farben könnten wieder
schwinden, doch seine Ängste waren unbegründet. Das Licht be-

gleitete sie ungetrübt auf ihrem Weg an die Wasseroberfläche. Zurück am Boden blieb eine einzige Koralle, die noch schwach den Grund des Sees in ihr rötliches Licht tauchte.

Mit ihrem Schatz in den Händen stiegen sie wieder auf. Alex folgte Sarah und dem Schein, der ihre Bewegungen begleitete. Als sie aus dem Wasser kletterten, zitterte Sarah am ganzen Körper vor Anspannung, sie rang nach Luft, doch Alex sah den Stolz, der in Sarahs Augen glühte. Er lächelte sie an, nahm sie in den Arm und sagte: „Du hast es geschafft! Du hast es tatsächlich geschafft! Zusammen kriegen wir alles hin!"

Da begann Sarah zu lachen. Es war ein befreiendes Lachen und Alex hatte den Eindruck, als fiele alle Anspannung von ihr ab. Er ließ sie los und fragte: „Was ist?" Mit der freien Hand wischte sie sich das Wasser aus dem glücklichen Gesicht. Noch immer lachend sagte sie: „Die größte Herausforderung liegt noch vor uns!" Alex, der fürchtete, das sei alles zu viel für sie gewesen, versuchte sie zu beruhigen: „Wir werden das Tor schon finden – irgendwie!" „Das meine ich nicht", entgegnete Sarah. „Wie soll ich bitte die trockenen Klamotten anziehen, ohne die Koralle loszulassen?"

Kapitel 15: Die tote Ebene (...............................)

Es war ein ziemliches Gezerre gewesen, aber am Ende hatte Sarah es doch geschafft, sich umzuziehen, ohne dass die Koralle Schaden genommen hatte. Den Abbau des Lagers hatte Alex alleine übernehmen müssen. Sarah hatte sich inzwischen ausgeruht. Zur Sicherheit hatte Alex ihr die Koralle so gut es ging an der Hand festgebunden für den Fall, dass sie einschlief und die Koralle aus Versehen losließ. Beide waren sich sicher, dass der Kontakt zwischen ihr und der Koralle nicht unterbrochen werden durfte. Schließlich hatte Sarahs Berührung das Sterben der anderen Koralle, die Alex aus dem See geholt hatte, auch nicht mehr aufhalten können. Auf dem Grund des Sees gab es nur noch eine einzige, sie mussten behutsam mit ihrem kostbaren Schatz umgehen und durften nichts riskieren.

Sarah konnte sich nicht genauer an den Weg erinnern. Schließlich war sie damals einfach wütend in eine beliebige Richtung losgelaufen. Alles, was sie noch wusste, hatte sie Alex berichtet. So hatte er erfahren, dass der Weg über weite Strecken nur von wenigen Bäumen und Steinen auf trockener Erde gesäumt war. Daher nahmen sie sich Wasser in halbwegs dichten Lederbeuteln mit. Der Weg würde lang werden. Sarah bestand darauf, zunächst die für das Überleben in dieser Umgebung wichtigen Utensilien in die alte Höhle im Berg zu bringen. Alex fand die Idee albern, widersprach ihr jedoch nicht. Nach ihrer Leistung hatte Sarah alles Recht, ihr Hirngespinst umzusetzen. Außerdem schien es beiden erfolgversprechender zu sein, genau wie bei Sarahs erstem Weg zum Tor vom Berg aus zu starten. Vielleicht würde sie doch einige Dinge wiedererkennen und den Weg finden – sie mussten jede Chance nutzen, die sie hatten! So deponierten sie die überlebenswichtigen Sachen zunächst in der Höhle im Berg, bevor sie zur eigentlichen Wanderung aufbrachen.

„Es ist komisch, dass es einem doch schwerfällt, sich zu verabschieden, findest du nicht?", fragte Sarah, als sie die Felswand, die zwischen Boden und Höhle lag, hinunterkletterten. Wie zu sich selbst fuhr sie fort: „Wir haben hier so viel erlebt, so viel gelernt. Bevor ich herkam, habe ich mich der Natur noch nie so nahe gefühlt wie hier. Ich hätte mir auch nie vorstellen können, was für ein gutes Team wir zwei abgeben würden! Es gab so wertvolle Momente. Ich werde nie vergessen, wie du mir geholfen hast, meine Angst vor dem Wasser zu überwinden. Als wir dort an unserem See standen …

1. Du kennst die Geschehnisse am See nur aus Alexanders Perspektive. Sarah schwelgt hier beim Abschied in Erinnerungen und erzählt von diesem Erlebnis nun aus ihrer Sicht. Schreibe diesen Teil von Sarahs wörtlicher Rede mithilfe von M5 auf. ➞ M0a + M5 ✏

Wir haben an diesem Ort so viel miteinander erlebt. Wir beide haben viel gelernt – über die Natur, aber besonders über uns selbst. Manchmal ist die Angst der eigentliche Gegner, den man überwinden muss. Ich werde die Magie dieser Welt vermissen, wenn wir zurück in unserem alten Leben sind. Geht es dir auch so?"

Alex blickte sie kurz an und überlegte. „Nein", sagte er dann. Für eine ganze Weile schwiegen sie.

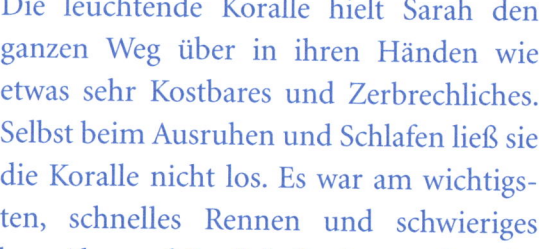

2. Bearbeite als Vorbereitung M27, um mit dem folgenden Text im Anschluss daran ein Lauf- oder Partnerdiktat zu machen.

→ M27

Die leuchtende Koralle hielt Sarah den ganzen Weg über in ihren Händen wie etwas sehr Kostbares und Zerbrechliches. Selbst beim Ausruhen und Schlafen ließ sie die Koralle nicht los. Es war am wichtigsten, schnelles Rennen und schwieriges Klettern zu vermeiden, denn Alex und Sarah befürchteten, dass das Loslassen zum Sterben der Koralle führen würde.

Für Alex war das Finden einfacher und ebener Wege nicht schwer. Beim Trainieren seines Sports hatte er das schließlich gelernt. Das Gelernte konnte er nun gut gebrauchen. Am schwierigsten war es, beim Umgehen von Hindernissen nicht aus Versehen die Richtung zu ändern. Das Orientieren am Mond half ihnen jedoch. Trotzdem machte sie das lange Laufen unsicher.

Mehrere Male hatten sie eine Rast einlegen müssen. Einer war immer wach geblieben, um die Umgebung im Auge zu behalten und über die Koralle zu wachen. Bei jeder Pause hatte Alex Stöcke in Laufrichtung hingelegt, damit sie nicht vom Weg abkamen. Zwar wussten sie nicht einmal, ob es der richtige Weg war, aber zumindest würden sie mit diesem Trick einfacher wieder zurück zu ihrer Höhle finden, wenn ihre Suche nach dem Tor erfolglos blieb. Und genau das befürchtete Alex. Sie waren nun bereits so lange unterwegs. Doch noch wollte er die Hoffnung nicht aufgeben.

„Erkennst du den Weg wieder?", fragte Alex. Sarah verdrehte die Augen und antwortete gereizt: „Das fragst du jetzt schon zum hundertsten Mal! Ich weiß es nicht. Aber so etwa stimmt es." Alex zog die Stirn in Falten. Wie konnte man nur so unbedacht sein? Sie hielt kaum Ausschau nach Dingen, die ihr bekannt vorkommen könnten, versuchte es nicht einmal! Konnte sie sich nicht einmal auf das Wesentliche konzentrieren? Außerdem hätten sie den Bogen und das Messer und besonders die Streichhölzer auch hier auf dem Weg gut brauchen können. Es war schließlich nicht klar, wann sie endlich auf das Tor treffen würden – wenn überhaupt! Was wäre, wenn sie sich verliefen und weder das Tor noch den Berg je wiederfinden würden?

Da riss Sarah ihn aus seinen Gedanken, denn sie begann erneut, von ihrer gemeinsamen Zeit zu sprechen. Es schien sie sehr zu beschäftigen. Nachdenklich sagte sie:

„Das .... (geheim •

halten) war fies von mir, das weiß ich jetzt. Ich hätte

es dir gleich sagen müssen. Aber du hast mich ziem-

lich oft von oben herab behandelt. Dadurch war das ..

.... (Vertrauen • fassen) zu dir so

schwer. Trotzdem tut es mir unendlich leid. Wirklich. Ich danke dir

so sehr, dass du mir dennoch beim ....

(Angst • überwinden) geholfen hast. Ohne dich hätte ich es niemals

geschafft, nach der Koralle zu tauchen, und ich werde es auch nie

vergessen. Das .... (tauchen •

üben) hat mich eine riesige Anstrengung gekostet, aber du hast mir

die Kraft dazu gegeben. Du kannst dir gar nicht vorstellen, wie wich-

tig das für mich war! Das ....

(mutig • sein) hat mich stark gemacht. Und ich finde, es hat uns zwei

zusammengeschweißt. Wer hätte gedacht, dass sich diese Welt zum

.... (Freunde • gewinnen)

eignet." Sie lächelte ihn an.

3. Bearbeite M28, um die Lücken füllen zu können. ➔ M28

Plötzlich veränderte sich die Struktur des Bodens, Alex bemerkte es sofort. Er lief langsamer. „Was ist?", wollte Sarah wissen, doch dann bemerkte sie wohl selbst etwas und fragte, „Spürst du das auch?" „Ja, der Boden ist hier viel härter und uneben", antwortete er und bückte sich, um über den Stein unter seinen Füßen zu streichen. Doch Sarah entgegnete: „Das meine ich nicht. Hier ist alles tot. Kein Busch, kein Baum, keine Insekten, eine tote Ebene. Wir sollten umkehren und einen anderen Weg nehmen." „Nein, das geht nicht", widersprach Alex ihr. Dann fuhr er mit sicherer Stimme fort: „Sarah, wir sind an einem harmlos wirkenden See einem Monster begegnet und im Wald beim Laufen

4. Ergänze hier kurz die Gefahr, der er in deinem Kapitel 9 ausgesetzt war. Lies dazu deinen Text in Kapitel 9 noch einmal mit Hilfe von M6. → *M6*

....

....

....

....

....

....

....

In dieser Welt können überall Gefahren lauern, nicht nur hier, und deswegen sollten wir diese dunkle Seite des Tors so schnell es geht verlassen. Halt dich hinter mir, wenn du willst, ich gehe vor." Ohne auf eine Antwort zu warten, ging Alex weiter. Vorsichtig zwar, aber so schnell es ihm in dieser Situation als sinnvoll erschien. Sarah folgte ihm, hielt ihren Blick aber die ganze Zeit über auf den Boden geheftet, als könne dieser jederzeit aufreißen und sie in die Tiefe ziehen. Alex hingegen behielt die Umgebung im Auge. Lange liefen sie über die tote Ebene.

Dann stieg der Weg merklich an. Sie gingen einen Hügel hinauf. Als sie auf dem höchsten Punkt angekommen waren, sahen sie eine bizarre Landschaft, die sich vor ihnen ausbreitete.

Sie standen auf dem Rand eines riesigen Kraters, in dem zwei Fußballfelder hätten Platz finden können. Er sah aus, als habe ein gigantischer Riese seine Faust auf die Erde krachen lassen. Rechts und links des Kraters befanden sich zwei große Felsen, die sich wie aufeinander lauernde, gewaltige Raubtiere gegenüberstanden. An mehreren Stellen des näher gelegenen Felsens sah man, dass der Stein einmal geschmolzen und später wieder hart geworden sein musste, denn wie abgekühlte Wachstropfen an einer Kerze hatten sich am Stein tropfenförmige Wellen gebildet.

Alex wandte sich dem Inneren des Kraters zu. Die Kraterwände strebten steil nach oben. An mehreren Stellen ragten hohe, schmale Felsen wie Messer aus dem Krater. Bei genauem Hinsehen entdeckte Alex durch den aufgewirbelten Staub hindurch, dass in der Mitte des Kraters ein Zeichen zu sehen war. Es bestand aus einem gebogenen Teil, das wie ein Hufeisen aussah, dessen Öffnung nach oben wies. An der untersten Stelle wurde der Bogen in kurzen Abständen von drei parallel zueinander verlaufenden Strichen durchkreuzt, die wie von drei riesigen Klauen in die Erde gekratzt schienen. Neugierig und fasziniert kletterte Alex vorsichtig in den Krater hinein und näherte sich dem Zeichen.

„Was machst du da?", fragte Sarah ängstlich, doch Alex ließ sich nicht irritieren und antwortete: „Der Ort sieht besonders aus, irgendwie geheimnisvoll. Vielleicht entdecken wir hier ja einen Hinweis, wo wir das Tor finden können." Als er näher an das Zeichen in der Mitte herankam, nahm er wahr, dass es keine Kratzspuren waren – das Zeichen musste in den Stein gebrannt worden sein.

„Warte", schrie Sarah plötzlich, „jetzt erkenne ich den Ort wieder. Hier irgendwo ist das Tor, ganz sicher! Dieser Krater muss der Hügel sein, den ich damals aus der Ferne gesehen habe!" Sie sah sich um, doch starker Wind war aufgekommen und der aufgewirbelte Staub verwehrte ihr die Sicht in die Weite. „Kannst du es sehen? In welche Richtung müssen wir weiterlaufen?", fragte er. „Keine Ahnung", antwortete Sarah und blickte dabei hektisch in alle Richtungen.

Alex ließ seine Finger über das Zeichen gleiten. „Da!", rief Sarah plötzlich und deutete mit der Hand schräg hinter sich. „Da ist es! Wir haben es gefunden!", wiederholte sie aufgeregt. Alex wandte sich von dem geheimnisvollen Zeichen ab und lief auf Sarah zu. Er wollte Anlauf nehmen, um die steile Kraterwand wieder empor zu Sarah zu klettern, doch in diesem Moment begann der Boden heftig zu beben und ein tiefes, schnell lauter werdendes Grollen ertönte. Alex spürte die Erschütterung am ganzen Körper, kaum konnte er sich aufrecht halten. Nach einer Schrecksekunde, in der er verunsichert stehengeblieben war, rannte Alex weiter und schrie panisch: „Weg hier!", doch Sarah verharrte auf der Stelle und umklammerte die Koralle in ihren Händen.

5. Lege eine genaue Skizze zu der Landschaft an, die im farbigen Text beschrieben wird. Nutze die Tipps aus M6. → M6

6. Überprüfe deine Zeichnung anhand der Checkliste in M29. → M29

Das nächste, was Alex sah, war, wie die Kuppe des Kraters, auf der Sarah stand, von tiefen Rissen durchzogen wurde, die sich immer weiter ausbreiteten wie auf einer Eisfläche, die langsam, aber unaufhaltsam brach. „Renn!", schrie Alex angsterfüllt, doch es war zu spät. Eine weitere, noch heftigere Erschütterung ließ die Kuppe abbrechen. Die Geröllmassen rissen Sarah mit sich in die Tiefe. Ein ohrenbetäubender Lärm erfüllte den Krater. „Nein!", schrie er, als er bereits von der sich in rasender Geschwindigkeit ausbreitenden Staubwolke eingeschlossen wurde, die die herabkrachenden Felsen aufwirbelten. Orientierungslos blieb er für einen Moment stehen, da wurde er bereits zu Boden gerissen. Ein stechender Schmerz zuckte durch seinen Körper, er konnte sich nicht mehr bewegen.

Zunächst hörte er nichts als ein lautes Fiepen in seinem Ohr. Sein Bein schmerzte, doch er konnte noch immer nichts sehen, der Staub nahm ihm die Sicht und den Atem. Er hustete und keuchte und versuchte sich zu befreien. Einen kurzen Moment hatte er das Gefühl, als rufe Sarah nach ihm, doch das Fiepen in seinen Ohren übertönte alles. Es wurde erst leiser, als auch der Staub sich zu legen begann und Alex die Umrisse seiner Umgebung wieder wahrnehmen konnte. Sein linkes Bein war zwischen zwei Felsbrocken eingeklemmt.

Da hörte er es plötzlich deutlich: Sarah rief panisch seinen Namen. „Hier! Hier bin ich", schrie Alex so laut es ging. Bald darauf konnte er Sarah erkennen. Wie durch ein Wunder schien ihr nichts Schlimmeres passiert zu sein. „Komm schnell", flehte sie, „die Koralle! Mir ist die Koralle aus der Hand gefallen. Sie stirbt. Wir müssen zum Tor, schnell!" Sie kam näher zu Alex und streckte ihm die Hand entgegen. „Ich kann nicht", stöhnte Alex, „mein Bein …" Als hätte Sarah das nicht gehört, schrie sie voller Verzweiflung: „Komm endlich!" Mit der freien Hand griff sie Alex unter den Armen und zog. Je mehr Alex sich jedoch zu befreien versuchte, desto schlimmer wurden seine Schmerzen. „Es geht nicht, lauf, ich kann nicht!", keuchte er verzweifelt. „Und ob du kannst, du kommst mit, gib dir gefälligst Mühe!", schrie Sarah ihn hilflos an. Ihre Nähe gab ihm Kraft, er fasste Mut. So fest er konnte, zog er ein weiteres Mal, er schrie, versuchte nicht auf die Schmerzen zu achten. Doch vergebens. Er konnte sich nicht befreien. Er sah, wie das Leuchten der Koralle in Sarahs Hand schwand. Er wusste, was zu tun war. „Du musst zum Tor, schnell. Ich komm hier nicht raus!", rief er und versuchte, seinen Worten so viel Überzeugungskraft wie möglich zu verleihen.

„Verdammt!", brüllte Sarah. „Du glaubst doch nicht ernsthaft, dass ich dich hierlasse. Alexander Price, du stehst jetzt auf." Sarah stützte sich mit dem Fuß am Felsen ab und bot all ihre Kraft auf, um an Alexanders Oberkörper zu ziehen. Automatisch gehorchte Alex und zog erneut. Ein kleines Stück weit konnte er sein Bein unter dem Felsen hervorziehen. Sarah, die das bemerkt zu haben schien, schrie: „Nicht aufgeben! Du hast es gleich geschafft! Weiter!" Unter schrecklichen Schmerzen gelang es ihm schließlich, sein Bein zu befreien. Alex konnte es kaum glauben. Doch ihm blieb keine Zeit, um sich auszuruhen, das Leuchten der Koralle verblasste mehr und mehr. Sarah stützte Alex und zog ihn mehr, als dass er ging, über die herabgestürzten Felsen aus dem Krater hinaus.

Doch das Beben in der Erde hielt an. Plötzlich riss vor ihnen der Boden auf. Alex brachte all seine Kraft auf und zog Sarah zur Seite, die sich panisch an die verblassende Koralle klammerte. Bedrohlich quoll eine leuchtend grüne Nebelsäule aus der Spalte im dunklen Boden hervor.

„Renn vor, ich bin zu langsam", schrie Alex, als er den immer dichter werdenden Wald aus plötzlich aufsteigenden Nebelsäulen sah, der ihm schon fast undurchdringlich erschien. Anstatt zu antworten, hielt sie ihn jedoch fester, sodass er ein wenig schneller laufen konnte. Alex verdrängte den Schmerz und konzentrierte sich auf den Boden vor ihnen. Er sah an der Erschütterung der Erde, wo gleich erneut eine bedrohlich grüne Säule den Boden zerreißen würde. Lange würde er nicht mehr durchhalten, doch Sarah zog ihn mit sich.

Das Beben hielt weiter an, doch der Boden blieb plötzlich verschlossen, je näher sie dem Tor kamen. War es ihnen tatsächlich gelungen, dem Nebelgewirr zu entfliehen?

Als Alex aufschaute, stockte ihm für einen Moment der Atem – vor ihm baute sich Ehrfurcht einflößend das Tor auf. Er fühlte eine unendliche Erleichterung, da sie ihr Ziel erreicht hatten. Gleichzeitig kam tief empfundene Angst in ihm auf: Das Tor, das von der anderen Seite aus, damals in der Waldsteppe des Reservats, so harmlos ausgesehen hatte, baute sich nun groß und mächtig vor ihnen auf. Alex rührte sich nicht und starrte das Bauwerk an. Da wurde ihm plötzlich mit einem Mal bewusst, welches Leben dort hinter dem Tor auf ihn wartete. Alexander Price, Sohn des großen Mr. Price, dem Inhaber der einflussreichen Ölfirma. Eliteinternat. Studium. Vielleicht einmal Erbe von etwas, das er selbst nicht erschaffen hatte. Alles festgelegt durch andere Menschen.

Vor nicht allzu langer Zeit hatte er entschieden abgestritten, diese dunkle Welt je zu vermissen. Doch was war er da draußen schon? Hier war er er selbst. Hier war er der, der er tatsächlich war. Hier war er Herr seines eigenen Schicksals. Doch diese Einsicht kam zu spät. Der Rückweg war ihnen abgeschnitten, durch das dichte Gewirr an Nebelsäulen konnte Alex mit seinem verletzten Bein unmöglich wieder hindurch gelangen.

Noch immer stand er starr da, doch dann zog ihn Sarah weiter. Wie benommen ließ er sich führen.

Was nun geschah, erinnerte ihn an etwas – es schien eine Ewigkeit her zu sein. Damals war Sarah mit der leuchtenden Blume im Arm aus dem Wald gekommen – die Priesterin des Lichts. Jetzt wirkte das Bild sogar noch beeindruckender: Sarah schritt mit langsamen, aber sicheren Bewegungen auf den schwarzen Durchgang des Tors zu. Alles Unbedachte, alles Panische und Impulsive, was er von ihr kannte, war verschwunden. Vor ihm stand eine junge Frau, deren Gabe ihr Kraft verlieh. Er sah ihren Bewegungen an, dass sie wusste, was sie da tat.

Alex beobachtete, wie Sarah die kaum noch leuchtende Koralle mit weit ausgestreckten Armen dem Tor entgegenhielt. Plötzlich lösten sich einzelne Funken aus dem verbliebenen Glitzern der Koralle und bildeten dünne Rauchfäden, die erst langsam emporstiegen, um dann von einem starken Sog erfasst zu werden. Das Glitzern sprang in das Schwarz des Torbogens über. Die Fäden begannen darin zu tanzen. Den leuchtenden Funken folgten immer mehr Lichtschimmer aus der Koralle, die sich im Schwarz drehten, bis es völlig einem Farbspiel aus Purpur- und Rottönen gewichen war. Behutsam legte Sarah die nun weiße Koralle am Fuß des Tors ab, nahm Alexanders Hand und tauchte gemeinsam mit ihm in das wilde Farbspiel ein.

Kapitel 16: Alte Gräben (...................................)

In Sarahs Kopf drehte sich alles. Sie kniete auf dem Boden und hielt ihre Augen geschlossen. In dieser Haltung blieb sie, bis sich das Schwindelgefühl gelegt hatte. Dann öffnete sie langsam ihre Augen. Alexander kauerte neben ihr. Nun erhob er sich und hielt sich sein Bein. Sarah sah sich um. Obwohl sie erwartet hatte, genau das zu sehen, konnte sie es nun kaum glauben: Sie erkannte die Waldsteppe ihrer Heimat.

1. *Lies zuerst die Kapitel 16–18 und schreibe dir dabei alle Wörter, die du nicht kennst, auf je eine blaue Karteikarte. Schreibe die Bedeutung auf die Rückseite.* → M0b

2. *Wenn du dir einen Überblick über die Kapitel 16–18 verschafft hast, beginnst du mit den Aufgaben ab Nummer 3 in der vorgegebenen Reihenfolge.*

3. *Bearbeite M30, um dich auf die folgende Schreibaufgabe vorzubereiten.*

4. *In diesem Kapitel findest du an vier Stellen auf den kommenden Seiten leere Zeilen. Schreibe hier jeweils, wie Sarah ihre Freude ausdrückt. Nutze die Wörter aus M30.* → M0a + M30

....

....

....

....

....

Doch in ihre tief empfundene Freude mischte sich gleichzeitig auch Unbehagen. Wie würden ihre Eltern reagieren, wenn sie sie sähen? Würden sie ihr glauben? Ihre Geschichte von der dunklen Welt würde ihr doch niemand abnehmen. Sie würden sie für verrückt halten! Und wie würde es mit Alexander und ihr weitergehen? Er war so wichtig für sie geworden. Er hatte mit ihr die schwierigste Zeit ihres Lebens geteilt. Er war der einzige, mit dem sie über die dunkle Welt reden konnte. Würden die alten Streitigkeiten zwischen den Indianern und der Ölfirma wieder einen Keil zwischen sie treiben?

Doch da riss Alex sie aus ihren Gedanken. „Willkommen zu Hause", sagte er mit einem bedrückten Unterton, der nicht nur auf die Schmerzen in seinem Bein zurückzuführen sein konnte. Zusammen gingen sie langsam und wortlos in Richtung des Dorfes, Sarah stützte ihn. Plötzlich blieb sie stehen und sagte kopfschüttelnd: „Es ist so unwirklich! Sind wir wirklich wieder zu Hause? Was glaubst du, wie viel Zeit vergangen ist?" Alex antwortete leise: „Das frage ich mich auch. So lange habe ich diesem Moment entgegengefiebert und jetzt kann ich es nicht wirklich glauben."

Sie liefen wieder ein Stück. Dann blieb Sarah erneut stehen. „Was ist, wenn alle gedacht haben, ich wäre weggelaufen? Ich habe Angst, dass meine Eltern sauer sind, dass sie denken, ich wäre mit Absicht verschwunden. Sie haben sicher gemerkt, dass ich den Bogen und die anderen Sachen mitgenommen habe. Das sieht doch so aus, als hätte ich das alles geplant. Sie könnten …" „Nein", unterbrach sie Alex, „wer so sauer ist, wie du glaubst, hängt keine solchen Zettel auf." Sarah wollte fragen, welche Zettel er meinte, da zeigte er bereits auf ein Blatt, das an einem Baum direkt vor ihnen hing. Die Überschrift konnte sie schon von weitem lesen.

Darunter fand sich eine Beschreibung Sarahs und eine Telefonnummer, unter der man Hinweise auf die Gesuchte geben konnte.

5. Gestalte den Steckbrief Sarahs. Bearbeite dafür zunächst M31.
➜ M0a + M31

Hilfe, wo ist unsere geliebte Tochter Sarah?

6. **Erinnerung:** *Hier stellst du Sarahs Freude über den Steckbrief dar.*

Sie liefen weiter. Als sie an die Wegkreuzung kamen, von der die Wege zum Dorf und zur Baustelle abzweigten, blieb Sarah unschlüssig stehen. „Wo soll ich dich hinbringen?", fragte sie zögerlich. „Ich schaff das alleine, danke", antwortete Alex schroff. Aber Sarah ließ das nicht gelten: „Im Dorf haben wir einen Heiler. Ich bringe dich zu ihm." Alex schüttelte den Kopf und sagte: „Mein Vater wird einen Arzt holen, ich krieg das hin. Die Baustelle ist schon da vorne. Man sollte uns besser nicht zusammen sehen. Wer weiß, vielleicht glauben die Leute, ich hätte dich entführt oder du hättest mir etwas angetan. Besser wir gehen getrennte Wege." Aber Sarah konnte ihn nicht so einfach ziehen lassen: „Das kommt nicht in Frage! Ich lass dich doch nicht …" Alex unterbrach sie. Sein „Nein!" klang endgültig. Warum sagte er das? Wenn es irgendwelche Missverständnisse gegeben hatte, was ihr Verschwinden betraf, konnten sie diese doch am besten gemeinsam aufklären! Sarah verstand es nicht. Sie griff nach seinem Arm, doch er wischte ihre Hand weg. „Pass auf dich auf", sagte er leise und drehte sich um.

Betroffen blieb Sarah stehen und sah zu, wie Alexander der Baustelle der Firma *Price* entgegenhumpelte. Bald wurden Angestellte auf ihn aufmerksam. Sarah beobachtete, wie ein Jeep aus der Baustelle heraus Alexander entgegenfuhr und er einstieg. Schnell entfernte sich der Wagen in Richtung Hauptstraße.

Verwirrt lief Sarah weiter auf ihr Dorf zu, die Baustelle meidend. Sie konnte nicht glauben, was gerade geschehen war. Wie konnte Alex nach allem, was sie zusammen erlebt hatten, einfach weggehen, ohne sich richtig zu verabschieden? Er hatte ihr mehrfach das Leben gerettet, sie hatte ihn aus der Welt der Dunkelheit befreit. Wie konnte er da einfach gehen? Tränen liefen ihr die Wangen hinunter, als sie ihr Dorf erreichte.

Was dann geschah, nahm sie wie durch einen Schleier wahr. Alles ging so schnell. Arme schlossen sich um sie, Stimmen waren zu hören, die sie im Gewirr kaum verstehen konnte. Sie wurde am Arm genommen und von freundlich auf sie einredenden Menschen weitergezogen. Die Tränen liefen ihr noch immer die Wangen hinunter, den Kopf hielt sie gesenkt. Sie ließ sich führen. Doch plötzlich drang eine Stimme zu ihr durch, die ihr so unendlich viel bedeutete. „Sarah!", hörte sie ihre Mutter mit unbeschreiblicher Freude rufen. Einen Augenblick später lag sie schon in ihren Armen.

7. Erinnerung: Beschreibe hier Sarahs Freude über das Wiedersehen.

Kapitel 17: Fremdes und Vertrautes

(....)

Der Jeep brachte Alexander zur Villa seines Vaters. Der Fahrer hatte diesen bereits per Handy verständigt. Mr. Price stand in der Auffahrt, als der Jeep in das Gelände einbog.

1. Mehrfach im Buch konntest du etwas über Alexanders Haltung seinem Vater und Sarah gegenüber erfahren und sie in deinen Texten auch selbst bestimmen. Bearbeite M32, um diese Textstellen genau zu untersuchen.

2. Beschreibe nun auf der Basis deiner Ergebnisse zu Alexanders Haltung, wie die Geschichte für ihn weitergeht. → M0a + M32

Kapitel 18: Für die Ewigkeit

(................................)

Zunächst glaubte außer ihren Eltern niemand Sarahs Geschichte. Doch dann befragte der weise Mann des Dorfes die Geister. Nach einem langen Ritual bestätigte er, dass das Mädchen die Wahrheit gesagt hatte.

Mit Werkzeugen ausgestattet zogen einige junge Männer daraufhin los in den Wald. Niemand sollte mehr in diese düstere Falle geraten können. Als sie das Tor fanden, waren sie überrascht, wie harmlos und unscheinbar es wirkte. Sofort begannen die Männer damit, die Steine abzutragen. Mit ihren Brechstangen kamen sie schnell voran.

Gegen Abend, die Sonne war schon fast untergegangen, waren sie beinahe fertig. Als sie den letzten großen Stein des Tors vom Sockel zogen, geschah etwas Unfassbares: Die Steine, die mittlerweile im Wald verstreut herumlagen, begannen sich langsam aufzulösen in einzelne, leuchtende Funken. Sie stiegen auf und sammelten sich zu purpur funkelnden Schwaden. Langsam wie eine glühende Wolke flogen die Schwaden in die Höhe und verschwanden zwischen den Baumkronen.

Die Gruppe junger Indianer feierte daraufhin ein Fest an diesem Ort und weihte den Platz, damit die bösen Geister hier keine Gewalt mehr über die Lebenden hätten. Sie waren sich sicher, diese düstere Macht für immer besiegt zu haben.

Zur gleichen Zeit erschien in einem weit, weit entfernten Land in einem Wald an einem Platz direkt neben einer großen, knorrigen Buche, deren Äste sich wie gekrümmte Finger in den Himmel

1. Stelle sicher, dass du hinter den Kapitelüberschriften die Sichtweise, aus der die Kapitel geschrieben wurden, überall notiert hast, und ergänze diese gegebenenfalls. **Achtung:** In diesem letzten Kapitel ist es etwas schwieriger. Lies noch einmal in M5 nach, welche Erzählperspektive hier vorliegt.

→ M5

streckten, ein Tor. Es war vorher noch nicht dort gewesen, auch wenn es durch die Spuren der Verwitterung aussah, als gehöre es schon lange hier her …

ENDE

Herzlichen Glückwunsch, du hast nun die Geschichte DEINES Romans fertig geschrieben. Du kannst stolz auf dich und das Ergebnis sein! Als Co-Autor musst du nun nur noch deine Beschreibung hinten im Buch ausfüllen, damit auch jeder weiß, wer diese Geschichte mitgeschrieben hat.

Materialien

a) So schreibst du den Roman weiter

1. Vorbereitende Übungen

Bearbeite immer zuerst die vorbereitenden Übungen im Anhang des Buches oder lies dir dort einen Merkkasten durch.

2. Überprüfung der Übungen

Online kannst du deine Ergebnisse der vorbereitenden Übungen meist mit Musterlösungen vergleichen. Hier findest du die Lösungen: www.klett-sprachen.de/leuchten-loesungen

3. Schreibideen sammeln

Überlege dir, welchen Inhalt dein kreativer Text haben soll und welche Wörter du verwenden willst. Nutze bei dieser Vorarbeit die Kästchen auf dem Konzeptpapier unter „Schritt 3". Eine Vorlage dazu findest du auf der nächsten Seite.

4. Ersten Entwurf schreiben

Schreibe auch deinen Textentwurf zunächst auf das Konzeptpapier. Achte immer darauf, in der Er- / Sie-Form aus der richtigen Sicht (Perspektive) einer der beiden Hauptfiguren zu schreiben und die richtige Zeitform (Tempus) zu verwenden.

5. Korrektur des Entwurfs

Lasse diesen Text korrigieren (zum Beispiel von einem Lehrer). Zusätzlich gibt es bei manchen Schreibaufgaben Checklisten oder Rückmeldebögen, mit deren Hilfe du dir ein Feedback von Lernpartnern einholen oder deinen Text selbst überprüfen kannst.

6. Umgang mit Fehlern

Fehler notierst du auf den Karteikarten der Übungskartei. So kannst du später besser an ihnen arbeiten (siehe S. 100).

7. Dein fertiger Romantext

Die korrigierte Version des Textes schreibst du dann in dein Buch.
Tipp: Benutze dabei einen Kugelschreiber oder Bleistift, denn die Tinte eines Füllers kann auf dem Papier verlaufen.

Konzeptpapier für den Text zur Leerstelle auf S.............. von ....

Schritt 1: Vorbereitende Übungen
Schritt 2: Überprüfung der Übungen
Schritt 3: Schreibideen sammeln

Vorgaben und Ideen zum Inhalt:	Vorgaben und Ideen für Wörter, die zu verwenden sind:

Schritt 4: Ersten Entwurf schreiben (Denk an Erzählperspektive und Tempusform!)

Schritt 5: Korrektur des Entwurfs
Schritt 6: Umgang mit Fehlern: Diese Wörter musst du in deine Übungskartei
*   übernehmen.*

Rechtschreibfehler   falsche Bedeutung

Schritt 7: Dein fertiger Romantext

b) Umgang mit der Übungskartei

Die Übungskartei hilft dir, deine individuellen Fehler zu verbessern.

Warum braucht man eine Übungskartei?
Damit du dir die richtige Schreibweise und die richtige Bedeutung eines Wortes langfristig merken kannst, musst du es häufig und mit einigem zeitlichen Abstand wiederholen, bis es in deinem Langzeitgedächtnis gespeichert ist.

Was musst du kaufen / basteln?
Du benötigst einen kleinen Karteikasten mit drei oder besser vier Fächern und leere Karteikarten in der passenden Größe in zwei verschiedenen Farben (am besten weiße und blaue). Hat dein Karteikasten ein viertes Fach, kannst du dieses nutzen, um leere Karten darin aufzubewahren, denn für die Übungen selbst brauchst du nur drei Fächer.

Einen Karteikasten kannst du auch aus einem Schuhkarton oder einer Teeschachtel basteln. Als Abtrennung für die Fächer klebe einfach Pappe in etwa 3–5 cm Abstand zueinander in den Kasten.

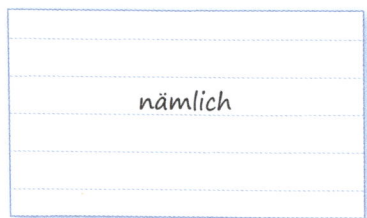

Welche Wörter schreibst du in die Übungskartei?
An zwei Schwerpunkten kannst du mit der Übungskartei arbeiten: 1) falsch geschriebene Wörter und 2) unbekannte und neue Wörter. In die Übungskartei übernimmst du natürlich die korrigierte Form deiner Fehler. Um es übersichtlich zu gestalten, solltest du hierfür zwei verschiedene Farben der Karteikarten verwenden:
1. Ein Wort, das du in den freien Texten und den Diktaten **falsch geschrieben** hast, übernimmst du in der richtigen Schreibweise in die Kartei, indem du es auf die Vorderseite einer weißen Karte schreibst und diese ins erste Fach einsortierst. Hast du beispielsweise das Wort „nämlich" falsch geschrieben, muss deine Karte so aussehen:

> *nämlich*

Hast du ein **Verb** oder **Adjektiv** falsch geschrieben, dann schreibst du bei Verben den Infinitiv dazu, bei Adjektiven den Nominativ Singular. Ebenso ergänzt du bei **Nomen** im Plural die Form im Singular. Ein Rechtschreibwörterbuch (z. B. Duden) hilft dir, die richtige Form zu finden.

Hast du beispielsweise „er fiel" und „kleinen" falsch geschrieben, sehen deine Karten so aus:

2. Ein Wort im Text, das dir **unbekannt** ist oder das du neu kennenlernst, über-nimmst du mit einer Erklärung in die Kartei. Schau für die Erklärung des Wortes in einem Rechtschreibwörterbuch (z. B. Duden) nach.
Hier benötigst du nun beide Seiten der blauen Karteikarten. Auf die Vorder-seite schreibst du das dir unbekannte Wort. Auf die Rückseite schreibst du die Erklärung.

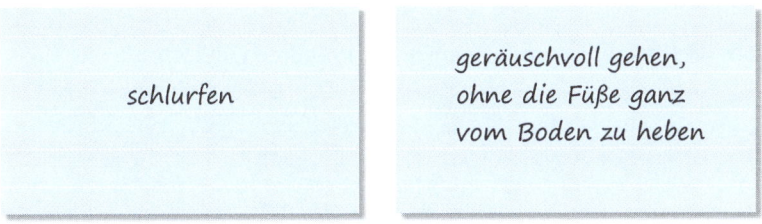

So übst du mit der Übungskartei

Die Karteikarten kommen zunächst ins erste Fach des Kastens. In regelmäßigen Abständen nimmst du dir die Karten und übst so:

1. Bei **Rechtschreibfehlern** lässt du dir die Wörter diktieren (z. B. von deinem Sitznachbarn oder deinen Eltern) oder machst damit ein Laufdiktat und schreibst sie richtig auf. Mit den Karten kannst du dann prüfen, ob du alle Wörter richtig aufgeschrieben hast.
2. Bei **neuen Wörtern** schaust du dir die Vorderseite an oder lässt sie dir vorlesen und überlegst, wie die Erklärung dazu ist. Schau dann auf der Rückseite nach, ob es stimmt.

Ist dein Ergebnis **richtig**, so wandert die Karte um ein Fach nach hinten. Ist die Karte bereits im dritten Fach angelangt und das Ergebnis bei der Abfrage ist rich-tig, darfst du die Karte entfernen, denn nun ist die richtige Schreibweise bzw. die richtige Bedeutung in deinem Langzeitgedächtnis verankert.

Ist dein Ergebnis **falsch**, rutscht diese Karte wieder ganz nach vorne ins erste Fach und du beginnst mit dem Lernen wieder von vorne.

Damit du beim Schreiben deines Textes keine Grammatikfehler machst, übst du hier die Verwendung des richtigen Kasus. Die Verben „helfen" und „passieren" aus dem Text fordern beide den Dativ.

Und Alexander war schnell. Natürlich war er fit, dafür trainierte er ja auch jeden Tag, aber seine herausragende Stärke war sein wacher Verstand. Kaum jemand sonst konnte so schnell wie er die Umgebung erfassen und seine Bewegungen so zielgerichtet darauf abstimmen. Es war, als ob er mit den Straßen, Häusern und Garagen zu einer Einheit verschmelze.

Diese Fähigkeit hatte ihn schon aus manch einer heiklen Situation gerettet. Zum Beispiel damals im Sommerferienlager. Er hatte seinem Freund doch nur helfen wollen – wie hatte ihm so etwas nur passieren können?

Die Verben bestimmen, welchen Kasus das dazugehörige Nomen oder Pronomen hat.

Nach diesen Verben stehen Nomen und Pronomen im **Dativ:**

antworten	begegnen	danken	einfallen
entgegengehen	folgen	gefallen	gehören
gelingen	helfen	leid tun	sich nähern
nachgehen	passieren	schaden	vergeben
vertrauen	winken		

1. *Ergänze die Tabelle.*

Kasus	Maskulinum	Femininum	Neutrum	Plural
Nominativ	*der Baum*	*die Blume*	*das Blatt*	*die Bäume*
Genitiv	*des*	*der*	*des*	*der*
Dativ				
Akkusativ				

2. *Setze den fehlenden bestimmten Artikel im richtigen Kasus in den Lückentext ein. Achte auf die Verben. Die Tabelle hilft dir.*

Auf dem Weg zum Schulbus begegnete das Mädchen immer _der_ gleichen Katze. Sie gehörte _dem_ Familie aus dem Nachbarhaus. Wenn Sarah sich _der_ Katze näherte, begann diese zu schnurren. Die Katze vertraute _dem_ Mädchen blind. Wenn Sarah sie streichelte, gefiel das _der_ Katze. Um den Bus nicht zu verpassen, durfte Sarah trotzdem nicht zu lange bleiben. Ging sie, dann winkte sie _dem_ Tier zu. Meistens ging die Katze _dem_ Mädchen dann noch eine Weile nach. Manchmal folgte sie sogar noch _dem_ Bus, wenn Sarah schon eingestiegen war.

3. *In Kapitel 1 sollst du Alexanders Erlebnis im Sommerferiencamp aufschreiben. Überlege dir, was Alexander im Camp erlebt hat, und notiere dir Stichpunkte dazu unter „Schritt 3" auf deinem Konzeptpapier.*

> **Tipp:** Beachte, dass er durch sein sportliches Können aus einer schwierigen Situation herauskommt. Mit welcher schwierigen Situation hatte er zu tun? Wie konnte ihm sein Parkourtraining helfen?

4. *Wähle zusätzlich zu den Verben „helfen" und „passieren" zwei weitere Verben mit Dativ aus der Tabelle auf S. 102 aus, die zu deiner Geschichte passen. Ergänze sie im Wortspeicher.*

helfen • passieren • .... • ....

> Die meisten Wörter mit lang gesprochenem **i** werden mit **ie** geschrieben.
> *Fliege, Biegung, Schiene*
>
> In manchen Fällen wird das lang gesprochene **i** mit **einfachem Buchstaben** geschrieben, z.B. bei
> – *wir, mir*
> – vielen Wörtern, die aus einer anderen Sprache übernommen wurden:
>   *die Mandarine, die Rosine, die Kabine, die Maschine, das Vitamin,*
>   *die Gardine*
> – Wörtern mit dem Bestandteil „wider" im Sinne von „zurück" / „gegen" /
>   „entgegengesetzt": *widersinnig, widerspenstig*
>
> Nur in den Pronomen wird das lang gesprochene **i** mit **ih** geschrieben:
> *ihr, ihm*
>
> Die Wörter mit kurz gesprochenem **i** werden mit einfachem **i** geschrieben:
> *der Fisch, mischen, sich*

1. *Trage alle farbigen Wörter aus dem Textausschnitt aus Kapitel 1 in die nachfolgende Tabelle ein.*

2. *Lass dir die Wörter mit i-Laut diktieren oder mache ein Laufdiktat. Alle falsch geschriebenen Wörter übernimmst du in die Übungskartei.*

„Vertrag ist Vertrag!" Bei diesen Worten ließ Mr. Price seine geballte Faust auf seinen Schreibtisch aus edlem Tropenholz krachen. Sein Sohn Alexander wusste, dass er den Schreibtisch nie zum Arbeiten benutzte, dafür brauchte er nur einen Laptop, sein Smartphone mit Terminkalender und jede Menge Kaffee. Der Schreibtisch war nur dazu da, Menschen zu beeindrucken. Er spiegelte Mr. Prices ganze Autorität wider.

Obwohl Alexander das wusste, wirkte das Möbelstück auf ihn immer wieder einschüchternd. „Ich weiß", versuchte er seinen Vater zu beschwichtigen, ohne ihm zu deutlich zu widersprechen, „aber vielleicht finden wir auch einen anderen Ort. Es muss ja nicht direkt im Indianerreservat sein. Die Ölbohrungen können doch auch …" Doch bei diesen Worten sprang Mr. Price auf und unterbrach ihn mit der Wucht einer Lawine, die auf dem Weg ins Tiefland alles mit sich reißt. „Nein!", donnerte er. „Von ein paar wild gewordenen, widerspenstigen Öko-Freaks lasse ich mir nicht das Geschäft versauen!"

Alexander wich ein paar Schritte zurück, versuchte dann aber erneut, seinen Vater umzustimmen: „Du hast ja Recht, diese Spinner haben echt keine Ahnung, aber jetzt leistet auch noch der Indianerstamm Widerstand, in allen Internetforen werden wir schlecht dargestellt und die Stimmung in der Presse und in der Bevölkerung kippt und …" „Du hörst mir jetzt einmal genau zu", unterbrach ihn sein Vater. „Für mich steht viel auf dem Spiel. Und für dich ab jetzt auch. Um die verrückten Teenager in dem Protestcamp kümmerst du dich von nun an. Um den Indianerstamm, die Umweltbehörde und die Dorfbevölkerung kümmere ich mich auf meine Art. Du willst in dieses Elite-Sportinternat gehen?"

lang gesprochenes i mit ie	lang gesprochenes i mit i

lang gesprochenes i mit ih	kurz gesprochenes i

3. *Ergänze zehn weitere Wörter mit langem i. Ein Rechtschreibwörterbuch hilft bei der richtigen Schreibung.*

1. *Lies die Anleitung zum Verfassen eines Briefs.*

Info: Heute schreibt man häufig E-Mails oder kurze Textnachrichten, aber für offizielle Zwecke braucht man auch oft ausgedruckte und unterschriebene Briefe.

Adresse Absender	*AlymiaWhitefeather* *Dark Canyon Road 23* *Cottonwood* *Idaho, 67283*	
Adresse Empfänger	*Agency for the Protection of the Environment* *1432 7th Ave.* *Boise* *Idaho, 83154*	
	Betreff: Verstöße im Indianerreservat	Betreffzeile
	Boise, den 14.2.2018	Ort und Datum (mit *den* eingeleitet) ! Komma zwischen Orts- und Zeitangabe nicht vergessen
Anrede	*Sehr geehrte Frau Whitefeather,*	
In offiziellen Briefen folgt auf die Anrede ein Komma und man schreibt klein weiter.	*vielen Dank, dass Sie uns auf die Zerstörung großer Gebiete durch die Firma Price im Indianerreservat Büffelcanyon aufmerksam gemacht haben. Tatsächlich stehen die Prärie und besonders die dort wachsenden Prärielilien unter Schutz. Wir werden den Fall untersuchen und Sie zwischenzeitlich über die Ergebnisse unserer Nachforschungen informieren.*	Du siezt die angesprochenen Personen und nutzt die Höflichkeitspronomen Sie, Ihnen, Ihr, Ihre, ..., die du groß schreibst.
Grußformel und Unterschrift ! kein Komma nach der Grußformel	*Mit freundlichen Grüßen* Peter Fisher	

Info: Offizielle Briefe unterscheiden sich von persönlichen Briefen. In persönlichen Briefen kann der Briefkopf weggelassen werden und man setzt nach der Anrede (z. B. „Liebe Oma") oft ein Ausrufezeichen und schreibt danach groß weiter. Im persönlichen Brief verwendest du die Anredepronomen du, dir, dich, dein und schreibst sie in der Regel klein.

2. *Schreibe den Brief, den Sarah unter dem Namen ihrer Mutter Alymia White-feather an die Umweltbehörde geschrieben hat, wie immer zunächst auf dein Konzeptpapier und dann in den Roman.*
   Tipps zum Inhalt deines Briefs findest du im Beispiel, dem Antwortbrief der Umweltbehörde.

Checkliste Briefe schreiben

1. *Kontrolliere deinen Brief mit Hilfe der Checkliste.*
   Hast du einen Lernpartner, könnt ihr eure Briefe gegenseitig korrigieren.

Briefkopf	eigene Adresse oben links
	Adresse des Empfängers darunter
	Datums- und Zeitangabe mit Komma und Artikel
Anrede	„Sehr geehrte Damen und Herren"
	danach Komma gesetzt und klein weitergeschrieben
Briefinhalt	Höflichkeitspronomen Sie, Ihnen usw. groß geschrieben
Grußformel	„Mit freundlichen Grüßen"
	Name in eigener Zeile

2. *Verbessere deinen Briefentwurf. Lass deine Rechtschreibung kontrollieren und schreibe den Brief nun korrekt in dein Buch ab.*

3. *Falsch geschriebene Wörter übernimmst du in deine Rechtschreibkartei.*

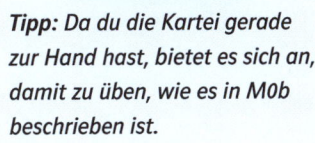

Tipp: Da du die Kartei gerade zur Hand hast, bietet es sich an, damit zu üben, wie es in M0b beschrieben ist.

⇒ M4 Konjunktionen

Durch Konjunktionen kann man Satzteile miteinander verbinden. Du musst in der nächsten Schreibaufgabe mehrere zusammenhängende Ereignisse hintereinander beschreiben, dafür eigenen sich die Konjunktionen sehr gut. Im Wortspeicher findest du einige:

aber • als • anstatt dass • bevor • bis • da • damit • dass •
denn • deshalb • doch • indem • je … umso • jedoch •
nachdem • nun • obwohl • schließlich • seit • so dass • sondern •
statt • sonst • umso … desto • und • während • weder … noch •
weil • wenn • wobei • wohingegen • woraufhin • zwar

Tipps für die Planung deines Textes:

Bei einer Kettenreaktion löst ein Ereignis das nächste aus, es folgen also mehrere Ereignisse aufeinander, die miteinander verknüpft sind. Falls du noch nicht genau weißt, wie deine Kettenreaktion aussieht, kannst du diese Vorlage nutzen.

1. *Vervollständige die Skizze. In die leeren Kästchen schreibst du, was getroffen wird. Über den Pfeilen schreibst du, was dadurch passiert.*

2. *Du kannst für deine Kettenreaktion noch weitere Aktionen ergänzen.*

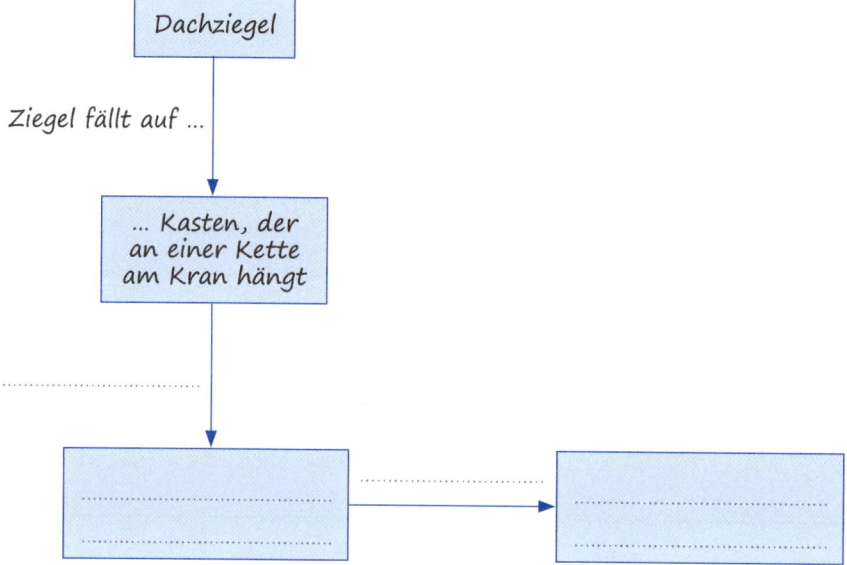

Eine Geschichte wird immer aus einer bestimmten Sicht erzählt, die man **Perspektive** nennt. Grundsätzlich unterscheiden sich die Erzählperspektiven dadurch, dass der Text in der **Er / Sie-Form** oder in der **Ich-Form** geschrieben ist. Für deine Aufgabe ist nur die **Er / Sie-Form** wichtig. Dabei gibt es zwei verschiedene Möglichkeiten:

a) Erfährt man als Leser nur all das, was eine einzige Person weiß, dann spricht man von einem **„personalen Erzähler"**. Die Figur, aus deren Sicht die Welt wahrgenommen wird, kann dabei von Kapitel zu Kapitel wechseln, aber als Leser erhält man zu einer bestimmten Zeit immer nur die Eindrücke, Gefühle und Gedanken *einer* Person.

b) Erfährt man als Leser alle Einzelheiten der Geschichte von einem Erzähler, der bereits die ganze Handlung und alle Gedanken und Gefühle der Figuren überblicken kann, spricht man von einem **„auktorialen Erzähler"**. Der Erzähler erzählt dabei Stück für Stück die Geschichte, ohne dem Leser die Spannung zu nehmen. Manchmal kommentiert der Erzähler auch das, was in der Geschichte gerade passiert.

---

1. Handelt es sich bei der Perspektive in den folgenden Textschnipseln um einen personalen oder einen auktorialen Erzähler? Ordne zu.

Sarah hatte Angst, dass niemand nach ihnen suchen würde. Das war sehr traurig, denn sie konnte nicht wissen, dass zu Hause in ihrem Dorf in diesem Moment eine Suche nach ihr gestartet wurde.

⇒ ....

Sarah hatte Heimweh. Tief in ihrem Inneren hoffte sie, ihre Eltern würden merken, dass sie weg war. Vielleicht würden sie sie suchen kommen?

⇒ ....

⇒ M6 Tipps zum sinnerfassenden Lesen

Diese Tipps helfen dir, längere Texte gut zu verstehen:
- Lies den betreffenden Teil des Textes zunächst einmal komplett.
- Verschaffe dir dann einen Überblick über den Text:
  Suche die Textstellen, die dir bei der Bearbeitung der Aufgabe helfen, z. B. in der ersten Zeichenaufgabe: Wo erfährst du etwas über den See, den Strand und den Wald? Wo erfährst du etwas über die Lichtverhältnisse dort?
- Schlage alle Wörter, die du nicht kennst, in einem Wörterbuch nach. Übernimm sie auch in deine Übungskartei!
- Überprüfe, ob du nun den Inhalt aller wichtigen Absätze genau verstehst.
- Ist dies nicht der Fall, liest du diesen Absatz noch einmal.
- Notiere dir zur Orientierung am Rand jedes Absatzes eine kurze zusammenfassende Überschrift.
- Unterstreiche die wichtigen Informationen, die du für die Bearbeitung der Aufgabe benötigst.

⇒ M7 Checkliste Zeichnung „Monster im See"

1. Überprüfe die Zeichnung selbst oder lasse sie von einem Lernpartner bewerten. Wurde alles richtig umgesetzt?

Inhalt:

☐ See, der von Wald umgeben ist
☐ See schimmert grünlich
☐ es ist dunkel und der Mond scheint
☐ es gibt einen Strand – dort wachsen hohe Gräser nah am Wasser
☐ ein Ast ragt so nah an den See heran, dass er Alex Halt geben konnte
☐ drei riesige, schwarz glänzende Fangarme schießen aus dem Wasser

weitere Rückmeldungen:

Das hat mir besonders gefallen:
Das kannst du noch besser gestalten:

 **M8** **Schwierige Wörter in Kapitel 4 und 5**

1. *Schreibe alle Wörter des Wortspeichers, die du nicht kennst, jeweils auf die Vorderseite einer blauen Karteikarte.*

> die Position • systematisch • der Priester • die Sternwarte •
> sich amüsieren • ironisch • die Sektoren • ignorieren

2. *Ordne die Wörter aus dem Wortspeicher den Erklärungen zu.*

Erklärung	Wort
wenn jemand etwas sagt, aber eigentlich dessen Gegenteil meint	
wenn etwas nicht chaotisch, sondern nach einem logischen Plan abläuft	
jemanden / etwas ganz bewusst nicht beachten	
Station, an dem man die Himmelskörper (z. B. den Mond) beobachten kann	
sich vergnügen, Spaß haben	
Zonen, in die ein Gebiet unterteilt ist	
Lage / Stellung / Standort	
in vielen Religionen gibt es eine solche Person, die zwischen einem Gott / mehreren Göttern und den übrigen Menschen vermittelt	

3. *Schreibe die entsprechenden Erklärungen auf die Rückseite der Karteikarten von Aufgabe 1.*

 **Steigerung von Adjektiven**

Adjektive kannst du steigern. Die Grundform nennt man „Positiv", die höhere Steigerung „Komparativ" und die höchste Steigerungsform „Superlativ".

→ *fruchtig – fruchtiger – am fruchtigsten*

Den **Komparativ** nutzt du bei Vergleichen von zwei Dingen. Dadurch wird der Unterschied verdeutlicht.

Das Obst war fruchtiger als die Sorten, die sie von zu Hause kannte.

Bildung: *Adjektiv + -er*

→ *fruchtig + er = fruchtiger*

Den **Superlativ** nutzt du bei Vergleichen von mehr als zwei Dingen. Dadurch wird verdeutlicht, dass eines der Dinge nicht von den anderen übertroffen werden kann.

Im Vergleich zu allen Obstsorten, die Sarah von zu Hause kannte, war diese am fruchtigsten.

Bildung mit **am:** *am + Adjektiv + -sten*

→ *am + fruchtig + -sten = am fruchtigsten*

Es war die fruchtigste Obstsorte, die sie kannte.

Bildung mit bestimmtem **Artikel:** *der / die / das + Adjektiv + -ste*

→ *fruchtig + -ste = die fruchtigste*

1. *Da es hier um die Beschreibung eines Geschmacks geht, ist dieser Schreibimpuls essbar. Besorge dir dafür Kaubonbons oder Gummibärchen mit verschiedenen, besonders ausgefallenen Geschmacksrichtungen.*

2. Schließe die Augen und nimm die Süßigkeiten nacheinander in den Mund. Konzentriere dich ganz auf den
Geschmack. Finde mindestens vier passende Adjektive
und notiere sie in der ersten Spalte „Positiv" der Tabelle.

Tipp: Wenn dir nicht so viele Wörter einfallen, kannst du Wörter aus dem Wortspeicher nutzen.

süß • sauer • lecker • beerig • fremdartig • aromatisch •
herb • mild • süßlich • honigsüß • unreif • bitter • köstlich •
zart • langweilig • cremig • sahnig • nussig • fest • luftig •
wässrig • glitschig • weich

Positiv	Komparativ	Superlativ
fruchtig	fruchtiger	am fruchtigsten

3. Ergänze nun die Spalten „Komparativ" und Superlativ. Bei der Bildung hilft der
Merkkasten.

Wenn andere Wortarten (z. B. Adjektive, Verben) **wie ein Nomen verwendet** und großgeschrieben werden, bezeichnet man das als **Nominalisierung**. In Verbindung mit Indefinitpronomen werden Adjektive und Partizipien nominalisiert.

Partizipien und Adjektive

Adjektive kennst du aus M9.

Ein **Partizip** ist eine Wortform, die du aus einem Verb bildest, die aber wie ein Adjektiv verwendet wird. Man unterscheidet dabei **Partizip I** und **Partizip II**.

Bildung des Partizip I: *Infinitiv + -d*
hüpfen – hüpfend, rufen – rufend, lachen – lachend

Bildung des Partizip II: *ge+ Verbstamm + -t / en*
starke Verben: *sehen – gesehen, rufen – gerufen*
schwache Verben: *hüpfen – gehüpft, lachen – gelacht*

Indefinitpronomen

Diese Pronomen geben eine unbestimmte Menge oder eine unbestimmte Bezeichnung an. Am besten lernst du die folgende Liste als typische Nomensignale auswendig: *jemand, jeder, etwas, wenig, einige, alles, genug, ein paar, nichts, kein, viel, allerlei, manches*

Beispiele für Nominalisierung nach Indefinitpronomen:
(alles, gut) Ich wünsche dir *alles Gute*!
(etwas, toll) Hoffentlich findest du *etwas Tolles*!
(viel, neu) Du wirst mit *viel Neuem* zurückkommen.

1. *Unterstreiche alle Adjektive im Wortspeicher rot, alle Partizipien grün.*

2. *Setze die Adjektive und Partizipien aus dem Wortspeicher in der nominalisierten Form der Reihenfolge nach in den Lückentext ein.*

> elegant • aufregend • spannend • essbar • gefangen •
> nahrhaft • außergewöhnlich • gut • gefährlich • schrecklich •
> verlockend • magisch • kostbar • gefunden

Der Name von Sarahs Großvater bedeutete „Jagender Luchs". Seine Bewegungen

hatten etwas .... an sich. In seinem Leben hatte er viel

.... erlebt. Wann immer es etwas ....

zu entdecken gab, war er dabei. In jenem Sommer, als die lange Dürre wenig

.... auf den Feldern wachsen ließ, und die Fischer wenig

.... ins Dorf brachten, zog er mit einigen Kriegern los,

um genug .... zu finden. Dabei entdeckten sie etwas

.... Eigentlich bedeutete es nichts ....,

wenn drei schwarze Kreuze an den Eingang einer Höhle gemalt waren. Etwas

.... könnte in der Höhle lauern. Doch nichts

.... konnte die mutigen Krieger abhalten. Vielleicht

würden sie viel .... in der Höhle finden! Hinter einem

großen Stein versteckt, fanden sie ein Horn, aus dem vor langer Zeit Krieger

getrunken haben mussten. Das Horn hatte etwas ....

an sich, denn es brachte ihnen Glück. Sie fanden eine große Büffelherde, das

war etwas sehr .... für sie. So konnten sie mit etwas

.... wieder ins Dorf zurückkehren.

In M4 hast du bereits das Wort „**dass**" als **Konjunktion** kennengelernt. Hier lernst du zusätzlich das **Relativpronomen „das"** kennen. So kannst du die beiden Wörter besser unterscheiden und richtig schreiben.

Die Relativpronomen *der – die – das* oder *welcher – welche – welches* leiten einen Nebensatz ein. In diesem Nebensatz wird meist eine Person oder ein Gegenstand aus dem Hauptsatz genauer beschrieben.

*Der Junge, **der** das Mädchen verfolgt.*

*Das Tor, **das** im Inneren violett leuchtet.*

*Die Dunkelheit, **welche** dort herrscht.*

Achtung! Das Relativpronomen „das" kann man leicht mit der Konjunktion „dass" verwechseln. Du kannst es jedoch daran erkennen, dass das Relativpronomen „das" die Eigenschaft eines Nomens aus dem Hauptsatz genauer angibt. Außerdem kannst du es durch das Wort „welches" ersetzen.

---

1. *Mache mit dem folgenden Text ein Partner- oder Laufdiktat.*

Terry Price erzählte jedem, dass er später einmal die Firma seines Vaters übernehmen würde. Bald würde er das College, das er besuchte, beenden. Es war ziemlich sicher, dass er nicht allzu gute Noten haben würde. Das Erbe, das er antreten würde, war ihm trotzdem sicher. Jeder wusste, dass er reich war. Das Geld, das er besaß, gab er mit vollen Händen aus. So konnte er sicher sein, dass er immer viele Freunde hatte. Doch tief in seinem Herzen wusste er auch, dass diese keine richtigen Freunde waren. Das Leben, das er führte, hing vom Geld ab.

2. *Unterstreiche in deinem Diktattext alle Relativpronomen und das dazugehörige Nomen im Hauptsatz.*

3. *Lies deinen Text noch einmal langsam und gründlich und korrigiere die Fehler, die du von alleine entdeckst.*

4. *Nimm die Vorlage zum Vergleich und korrigiere deinen Text oder lasse ihn korrigieren. Übertrage alle Fehler, die dabei noch auftauchen, in deine Rechtschreibkartei (mit Ausnahme der Wörter „das" und „dass", denn hier kommt es schließlich bei der Rechtschreibung auf den Zusammenhang im Satz an).*

Du kennst bereits viele Wortarten (Verben, Nomen, Artikel usw.). Eine Präposition ist ebenso eine Wortart. Man nennt sie auch „Verhältniswörter". Eine Präposition gibt an, wann, wo, warum oder wo etwas geschieht.

Nun geht es aber zunächst nur um **Lokalpräpositionen** (Ort).
Dazu gehören: *auf, in, bei, hinter, neben, über, unter, vor, zwischen*
Manchmal ist eine Präposition auch mit einem Artikel verschmolzen:
zu dem → zum,   an das → ans,   in da → ins

Präpositionen legen fest, welchen Kasus (Fall) die darauffolgenden Nomen haben. Lokalpräpositionen stehen vor Dativ oder Akkusativ. Diese Regel gilt:
Dativ: Die Präposition gibt einen Ort an. Du fragst *Wo?*
Akkusativ: Die Präposition gibt eine Richtung an. Du fragst *Wohin?*
Er befindet sich *in der Höhle.* → Wo befindet er sich? → *in der* Höhle = Dativ
Er springt *in den* See. → Wohin springt er? → *in den* See = Akkusativ

Du siehst, der Artikel und das Nomen werden an den Kasus angepasst.

1. Setze jeweils den bestimmten Artikel im Dativ oder Akkusativ ein. Die Tabelle zur Deklination des bestimmten Artikels aus M1 kann dir helfen.

Als Kind war Sarah gerne mit ihrem Opa durch .... Grassteppe gelaufen.

Bei .... riesigen Ahornbaum hatten sie immer eine Pause eingelegt. Sie

hatten sich auf .... Boden neben .... großen Stein gesetzt und

ihren Mittagssnack aus .... ledernen Tasche geholt, die ihr Opa immer

auf .... Rücken trug. Sie liebte die Ruhe hier weit hinter .... Dorf.

Wenn ihr Opa ihr dann die alten Geschichten ihres Stammes erzählte, hörte sie

gebannt zu. Als ihr Opa eines Tages starb, fühlte sie sich im Stich gelassen. Immer

wieder hatte er ihr dort, an .... Baum sitzend, erzählt, dass ein Indianer

wisse, wann er sterben würde. Entweder es war alles gelogen gewesen oder er hatte

sich nicht mehr von ihr verabschieden wollen. Das gab ihr einen unermesslich

großen Stich in .... Herz. Als ihr Großvater in .... Grab gelegt

wurde, weinte sie. Sie stand neben .... Grab und fühlte sich alleine ge-

lassen. Sie ging nach Hause und rasierte sich auf .... Seite ihre Haare ab.

1. Überprüfe die Zeichnung von Sarah selbst oder lasse sie von einem Lernpartner bewerten. Wurde alles richtig umgesetzt?

Inhalt:

Haare
- ☐ Farbe: schwarz mit blauer Strähne
- ☐ Frisur: auf der einen Seite abrasiert, auf der anderen Seite kinnlang („Sidecut")
- ☐ Beschaffenheit der Haare: glänzend

Augen
- ☐ Farbe: dunkel

Kleidung
- ☐ weites, orangefarbenes Shirt
- ☐ lange Jeans
- ☐ Turnschuhe
- ☐ Armband

Köcher
- ☐ quer über die Schultern gehängt
- ☐ verziert mit blauen Perlen
- ☐ verziert mit Federn

weitere Rückmeldungen:

Das hat mir besonders gefallen:
Das kannst du noch besser gestalten:

Sie erinnerte sich noch genau daran, wie ihre Mutter ihr immer gesagt hatte, sie *solle* sich vom Wasser fernhalten, aber schon als Kind hatte sie sich nicht gerne an Regeln gehalten. So kam es, dass Sarah eines Tages …

„Sollen" drückt in dem Textausschnitt eine Möglichkeit oder Notwendigkeit aus und gehört daher zu den Modalverben. Damit du die Geschichte von Sarahs Erlebnis im Wasser, die mit Verboten und Aufforderungen zu tun hat, nun erzählen kannst, musst du dich mit Modalverben und deren Gebrauch vertraut machen.

Die Verben müssen, wollen, sollen, dürfen, können und mögen sind **Modalverben**. In Kombination mit einem Infinitiv drücken sie eine Möglichkeit oder eine Notwendigkeit aus.

Sarah soll sich vom Wasser fernhalten. → *Wenn **möglich**, soll Sarah nicht ins Wasser gehen.*

Sarah muss den Fluss überqueren. → *Es ist **nötig**, dass Sarah den Fluss überquert.*

Bildung der Tempusformen bei Modalverben:

Die Präsens- und die Präteritumform wird so gebildet, wie du es auch von anderen Verben kennst. Eine Besonderheit gibt es aber bei der Bildung des Perfekts. Dieses wird nicht wie üblich gebildet, sondern man verwendet den Infinitiv des Modalverbs.

	Präsens	Präteritum	Perfekt
Vollverb	er hüpft	er hüpfte	er ist gehüpft
Modalverb	er soll hüpfen	er sollte hüpfen	er hat hüpfen sollen

Wie werden Modalverben verwendet?

Eigentlich werden sie meist mit dem Infinitiv des Vollverbs verwendet. In der Umgangssprache, also der Sprache, die man im Alltag benutzt, lässt man das Vollverb oft weg, wenn es als selbstverständlich vorausgesetzt wird:

– Kann ich mal die Marmelade (haben)?

– Willst du noch Wasser (trinken)?

– Du sollst nach vorne (kommen).

1. Ergänze die Tabelle.

	Präsens	Präteritum	Perfekt
Vollverb	sie spielt		
Modalverb	sie *will* spielen		
Vollverb	er taucht		
Modalverb	er *muss* tauchen		
Vollverb	sie springt		
Modalverb	sie *darf* springen		

2. Umgangssprachlich sind manche der folgenden Sätze bereits komplett. Übe dich in der Bildungssprache, indem du alle Sätze durch die Verben im Wortspeicher ergänzt.

> gehen • kaufen • trinken • werfen • fahren • haben •
> holen • kommen • aushalten

An jenem Morgen, kurz nach Alexanders zehntem Geburtstag, hatte Alex bereits beim Aufstehen ein mulmiges Gefühl gehabt. Streit lag mal wieder in der Luft. Er setzte sich zu seinen Eltern an den Frühstückstisch. „Kann ich mal die Butter .... ?", nuschelte er, ohne sie anzuschauen. „Du kannst sie dir selbst .... ", antwortete sein Vater abweisend. Alex gehorchte. Seine Mutter nahm die Flasche und fragte Alex freundlich: „Willst du noch Saft .... ?" Er nickte. „Ich muss noch zur Bank .... ", raunte der Vater. Dann sah er seine Frau an und fuhr fort: „Du darfst nicht so viel Geld aus dem Fenster .... Musstest du denn unbedingt die neuen Schuhe .... ?" Alex schlang sein Frühstück hinunter und fragte: „Darf ich zu Tom .... ?" „Nein!", schrie sein Vater, wobei er seine Faust auf den Tisch knallen ließ. „Du musst mit auf die Baustelle .... , es wird Zeit, dass du lernst, wie man mit den Leuten dort umgeht, bist schließlich kein Baby mehr." Es folgte Stille. Dann sagte Alexanders Mutter in ruhigem, aber bestimmtem Ton: „Ich kann das nicht mehr ...." Sie erhob sich, ließ ihren Kaffee stehen und ging.

1. *Ergänze den Wortspeicher durch weitere Wörter aus dem Wortfeld, die du zur Einleitung der direkten Rede im Romantext und in M14 findest. Schreibe weitere dazu, wenn dir noch mehr Wörter einfallen.*

> ergänzen • jammern • brüllen • flüstern • abstreiten •
> bemerken • erklären • feststellen • stottern • zugeben •
> sprechen • befehlen • schimpfen • drohen • fluchen •
> behaupten • säuseln • entgegnen
>
> ....
>
> ....

2. *Ordne die Wörter aus dem Wortspeicher in das Pfeildiagramm ein.*

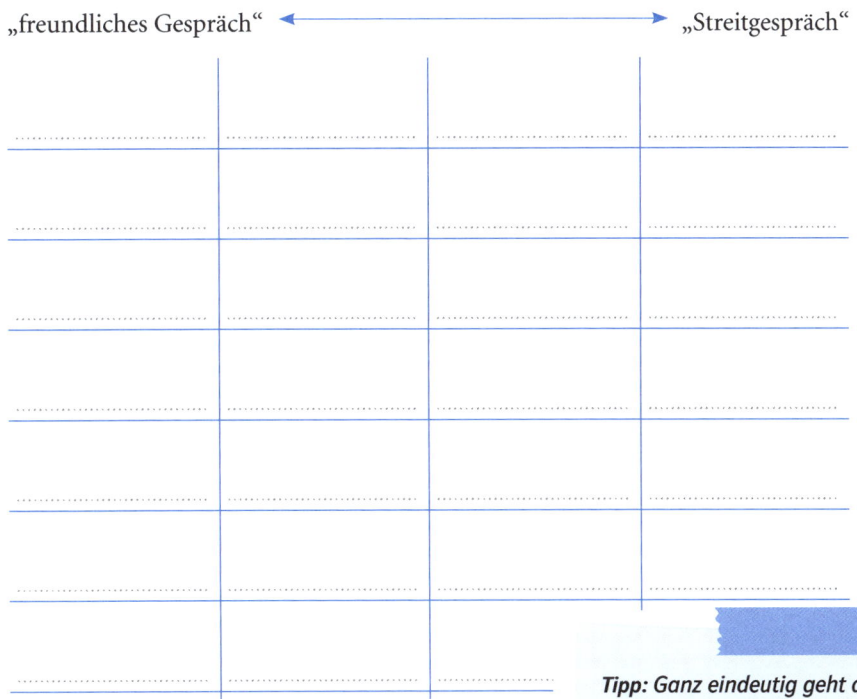

„freundliches Gespräch" ⟵⟶ „Streitgespräch"

Tipp: *Ganz eindeutig geht das zwar manchmal nicht, aber die Wörter, die eher zu Streitgesprächen passen, schreibst du in die rechte Spalte und die, die zu freundlichen Gesprächen passen, nach links. Alle anderen kommen in die Mitte.*

3. Hier kannst du verschiedene Versionen ausprobieren. Lies deinen Text laut vor. Dabei merkst du, welche Wörter gut passen, und welche du noch verändern könntest. Deine Lösung überträgst du auf S. 48 und 49.

„Die Mühe war wohl umsonst",

.... (Sarah), als sie

auf die verdorrten Pflanzen blickte.

„Na und?", ... (Alex),

drehte sich abweisend um und ging auf

die Höhle zu. „Das hätte sowieso nichts

Tipp: *Achte bei der Auswahl der passenden Wörter für die Redebegleitsätze in deinem Romantext darauf, ob das Gespräch gerade eher freundlich ist oder ob es eher ein Streitgespräch ist. Die Tabelle hilft dir bei der Entscheidung.*

gebracht", ... (Sarah). „Du glaubst doch wohl selbst nicht

daran, dass hier Hubschrauber herumdüsen werden, die uns suchen." Sie blickte

umher und deutete mit der Hand in die Ferne. Dann .... (Sarah):

„Das hier ist eine ganz eigene Welt, hier gibt es keine Hubschrauber, keine Ret-

tungsteams, keine Sonne. Hier gibt es Monster in Seen, leuchtende Blumen und

Dunkelheit." Nach einer Weile .... (Sarah): „Und uns."

Plötzlich drehte sich Alex ruckartig zu ihr um und wütend ....

(Alex): „Ich versuche wenigstens etwas zu tun, um uns zu retten!" „Ach",

.... (Sarah), „ich sitz wohl nur blöd herum oder wie?" Ihre

Augen funkelten ihn an. Er lachte kurz auf, es klang aber eher verzweifelt als

belustigt. Dann .... (Alex): „Schlimmer! Du verschwendest

unsere Streichhölzer. Und mit unserem mühsam herbeigeschleppten Wasser gießt

du deine Leuchtpflanze!" Nun war es Sarah, die ein Geräusch machte, als lache sie.

„Du bist ja nur neidisch, weil meine Pflanze nicht eingegangen ist so wie deine",

.... (Sarah).

Info: Sich mit Sprache auszukennen heißt auch, zu verstehen, wie vielschichtig Sprache eigentlich ist, und was man damit alles ausdrücken kann.

In Dingen, die man sagt, schwingen meistens noch weitere Informationen oder Botschaften mit. Im unteren Beispiel aus dem vierten Kapitel sagt Alex etwas. Das, was Sarah aber versteht, ist etwas anderes. Sie glaubt herauszuhören, was er über sie und seine Beziehung zu ihr denkt oder was er von ihr erwartet.

„Ich weiß", riss Alex sie aus ihren Grübeleien. Er war wohl noch immer in Gedanken beim fehlenden Tag-Nacht-Rhythmus. Typisch, als hätten sie keine anderen Probleme wie Tentakelmonster und magische Tore … „Aber verstehst du", fuhr er fort, „ich sitze hier nur herum. Zu Hause hatten meine Tage feste Strukturen, ich hatte Ziele, für die ich hart gearbeitet habe, ich wollte was erreichen."

„Ach! Und ich wohl nicht, du Schmock?", zischte sie und stand auf. Sie sah, wie Alex die Augen verdrehte. Mit gewollt ruhiger Stimme, die furchtbar erwachsen klang, gab er zurück: „Das habe ich nicht gesagt!" Doch das Feuer der Wut loderte bereits in Sarah, sie war stinksauer. „Aber gemeint!", fuhr sie ihn an, schnappte sich Bogen und Köcher und kletterte an der Felswand hinab zum Fuß des Berges.

1. Unterstreiche im Text, was Alex sagt (rot) und was Sarah versteht (gelb).

2. Ergänze die folgenden Sätze.

Was sagt Alex eigentlich inhaltlich aus? Er sagt, dass er …

....

Welche Botschaft hört Sarah heraus? Sie versteht, dass er …

....

> **Info:** *Adjektive und Partizipien sind Wortarten. Du kennst sie bereits aus M9 und M10. Du brauchst sie, um deinen Text spannend und anschaulich zu gestalten.*

1. *Die unterstrichenen Wörter im Text sind Nominalisierungen (⟶ M10).*
   Was ist die ursprüngliche Wortart der nominalisierten Wörter? Ergänze die Tabelle.

Er wusste, dass er jetzt <u>nichts Falsches</u> sagen durfte, aber es fiel ihm ohnehin nicht schwer, <u>etwas Anerkennendes</u> herauszubringen. Schließlich hatte er schon seit einer ganzen Weile vorgehabt, <u>etwas Leuchtendes</u> aufzuspüren, womit er die Buchstaben „SOS" auf den Boden schreiben könnte. Ein Hubschrauber, der <u>alles Mögliche</u> versuchen würde, um sie zu finden, könnte dann erfolgreich sein. Bisher hatte Alex dafür <u>wenig Brauchbares</u> entdeckt, aber Sarahs Blume war perfekt!

„Du hast <u>etwas Außergewöhnliches</u> geschafft", lobte er sie. Ihr überhebliches Grinsen wich aus ihrem Gesicht und übrig blieb ein ehrlicher Stolz. „Danke", gab sie lächelnd zurück. Offensichtlich hatte sie bisher <u>wenig Nettes</u> aus seinem Mund gehört. Es wurde wohl Zeit, dass er <u>etwas Freundliches</u> zu ihr sagte. „Wir haben hier so <u>viel Gefährliches</u> und <u>allerlei Aufregendes</u> erlebt, dass ich manchmal echt fertig war und vielleicht abweisend gewirkt habe", entschuldigte er sich.

Adjektive	Partizipien
falsch	

 **M18** **Checkliste Zeichnung „Alex im Wald"**

1. Überprüfe die Zeichnung selbst oder lasse sie von einem Lernpartner bewerten.
Wurde alles richtig umgesetzt?

Inhalt:

☐ Wald: dicht beieinander stehende Bäume
☐ gewürfelte Gefahr wird dargestellt

weitere Rückmeldungen:

Das hat mir besonders gefallen:

Das kannst du noch besser gestalten:

	Verwendung	Bildung
Präsens	Vor allem wird diese Zeitform beim schriftlichen und mündlichen Erzählen verwendet, wenn es um die **Gegenwart** geht.	Entfall der Infinitivendung *-en* + *Personalendung*

Bei Präsens – Bildung folgt eine eingebettete Tabelle:

1. P. Sg.	-e	1. P. Pl.	-en
2. P. Sg.	-st	2. P. Pl.	-te
3. P. Sg	-t	3. P. Pl.	-en

Achtung!
sein und *haben* werden unregelmäßig gebildet und bei manchen starken Verben gibt es Änderungen im Stammvokal (*lesen – du liest*)

	Verwendung	Bildung
Präteritum	Vor allem beim schriftlichen Erzählen wird diese Zeitform verwendet, wenn es um die **Vergangenheit** geht.	**schwache Verben:** *Verbstamm + -t + Personalendung* im Präteritum: *spielen – er spiel-t-e* *lachen – wir lach-t-en* **starke Verben:** *Verbstamm* mit verändertem *Stammvokal + Personalendung* im Präteritum (Ausnahme: bei der 1. und 3. Person entfällt die Endung) *lesen – er las / gehen – wir ging-en*
Perfekt	Vor allem beim mündlichen Erzählen wird diese Zeitform verwendet, wenn es um die **Vergangenheit** geht.	Personalform von *haben* oder *sein* im Präsens + *Partizip II* des Verbs: *umziehen – er ist umgezogen* *sehen – er hat gesehen*
Plusquamperfekt	Berichtet man über etwas **Vergangenes** im Perfekt oder Präteritum, möchte aber über etwas berichten, was sogar zeitlich **noch davor** geschehen ist, dann verwendet man das Plusquamperfekt.	Personalform von *haben* oder *sein* im Präteritum + *Partizip II* des Verbs: *umziehen – er war umgezogen* *sehen – er hatte gesehen*

	Verwendung	Bildung
Futur I	Vor allem wird diese Zeitform verwendet, um eine Vermutung oder Absicht in Bezug auf die **Zukunft** auszudrücken	Personalform von *werden + Infinitiv des Verbs* *tauchen – sie wird tauchen* *springen – er wird springen*
Futur II	Vor allem wird diese Zeitform verwendet, um eine Handlung zu beschreiben, die in der **Zukunft abgeschlossen** sein wird.	Personalform von *werden + Partizip II des Verbs + haben/ sein* *essen – wir werden gegessen haben* *finden – sie wird gefunden haben*

1. *Welches Tempus haben die markierten Satzteile? Ordne zu.*

Sie griff nach ihrem Armreif, den ihre Mutter
ihr geschenkt hatte [...].   Futur 1

Um sich Mut zu machen, sagte sie laut: Futur 2

„Ich suche meinen Weg.   Plusquamperfekt

Ich werde ihn finden.   Präteritum

Wenn ich es geschafft habe, werde ich zurückkehren   Perfekt

Alex wird auf meine Rückkehr gewartet haben [...]."   Präsens

2. *Setze die Verben in der angegebenen Form ein.*

Sarah .... den Armreif noch fester.	(halten / Präteritum)
Es .... ihr schon als Kind immer Kraft	(geben / Plusquamperfekt)
„Ich ...., ...	(wissen / Präsens)
... ich .... wieder nach Hause ...."	(kommen / Futur I)
Sicher .... sich viel	(verändern / Futur II)
Ich .... hier auch schon so viel	(schaffen / Perfekt)

In M1 hast du Verben kennengelernt, die den Dativ fordern (Wem? Ich winke ihm.). Hier lernst du nun solche kennen, die den Akkusativ fordern (Wen? Ich sehe ihn.).

Nach diesen Verben stehen Nomen und Pronomen im Akkusativ:

anschauen	bauen	beachten	beginnen	drehen	erkennen
finden	fühlen	heben	kennen	lassen	nutzen
riechen	sammeln	sehen	teilen	vergessen	werfen

1. *Unterstreiche im folgenden Text die Nomen bzw. Pronomen im Akkusativ, die zu den oben genannten Verben gehören.*

Tipp: Wenn du es dir einfacher machen willst, dann unterstreiche zunächst in einer anderen Farbe die oben aufgeführten Verben, die im Text vorkommen. Dann findest du die davon abhängigen Nomen oder Pronomen leichter.

Der Fahrer des Jeeps vergaß nie seine Fahrermütze. Er beachtete die Regeln, die er in der Schule für Butler gelernt hatte. Er nutzte auch immer seine weißen Handschuhe, wenn er im Dienst war. Nie warf er die Wagentür, er schloss sie immer fast geräuschlos.

Den Job bei Mr. Price fand er gut, da er hier viel verdienen konnte. Obwohl er seinen Chef mittlerweile schon lange kannte, hatte er sich noch immer nicht an dessen Wutausbrüche gewöhnen können. Oft hatte er die Ehefrau seines Chefs gesehen, wie sie nach einem Streit mit ihrem Mann weinend aus dem Auto stieg. Manchmal fühlte der Fahrer in solchen Situationen eine große Wut auf seinen Chef, aber er schwieg, wie es sich für einen Angestellten eben gehörte. Er ließ seine Gefühle im Verborgenen.

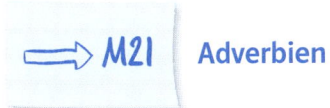
Adverbien gehören zu den nicht flektierbaren Wortarten. Sie verändern sich beim Gebrauch in der Regel nicht:
Adjektiv „abendlich" → Sie verschwindet zu **abendlicher** Stunde.
Adverb „abends" → Die Sonne geht **abends** unter.

Die **Funktion** eines Adverbs besteht darin, ein anderes Wort näher zu bestimmen. Die genauere Bestimmung bezieht sich auf:
- Zeit (wann? wie lange?)
- Ort (wo? wohin?)
- Grund (warum? weshalb?)
- oder Art und Weise (wie?)

1. Ordne die Adverbien aus dem Text (farbig) in die Tabelle ein.

Ort	Grund	Zeit	Art und Weise
		jetzt	

„Draußen scheint die Sonne, die anderen Kinder spielen dort. Geh jetzt zu ihnen, damit du hier drinnen kein Höhlenkind wirst", sagte ihre Mutter sanft.
„Das mache ich später. Außerdem bin ich schon ein Höhlenkind", antwortete die kleine Sarah beinahe trotzig. Dennoch lächelte ihre Mutter. „Manchmal bist du ziemlich frech", sagte sie und nahm ihre Tochter dabei in den Arm. Trotzdem spürte Sarah, dass etwas anders war als sonst. Sie spürte eine besonders große Traurigkeit. „Großvater geht es sehr schlecht. Jedenfalls hat er Fieber", sagte sie niedergeschlagen.

1a) Verbindungen von **Nomen, Adjektiven oder Verben mit Verben** werden meistens getrennt geschrieben,
z.B.: *laut brüllen, Socken stricken, kochen lernen*

1b) Ausnahme: Verbindungen von Adjektiven mit Verben werden zusammengeschrieben, wenn eine neue Gesamtbedeutung entsteht:
z.B.: *schwerfallen* (= wenn jemandem etwas nicht leicht gelingt)

2a) Verbindungen von **Adverbien und Präpositionen mit Verben** werden zusammengeschrieben, wenn die Betonung nicht auf dem Verb liegt:
z.B.: *zurückkommen, ankommen*

2b) Ausnahme: In der Personalform schreibt man getrennt:
z.B. *zurückkommen* ABER: *Ich komme zurück.*

---

1. *Schreibe zu jedem Beispiel (farbig) die Zahl der Regel, die hier Anwendung findet.*

Beispiel	Regel
„Wir müssen jagen lernen", sagte Alex.	
„Oder schnell einen Ausweg suchen", entgegnete Sarah.	
Alex nickte und sagte: „Wir müssen nach dem Tor suchen. Vielleicht kommen wir so zurück in unsere Welt?"	
„Ja", bestätigte Sarah, „wir müssen sichergehen, dass wir alle Chancen nutzen."	
„Wir müssen nur aufpassen ...	
... und auf dem steinigen Gelände sicher gehen", ergänzte Alex.	
„Genau, wir dürfen nur nicht unachtsam werden", ...	
... stimmte Sarah ihm zu.	

⇒ M23 **Checkliste Zeichnung „Sarahs Traum"**

1. Überprüfe die Zeichnung selbst oder lasse sie von einem Lernpartner bewerten.
   Wurde alles richtig umgesetzt?

Inhalt:

☐ Sarahs vorgestreckte Hand
☐ rot und purpurfarben leuchtende Koralle in der Hand
☐ riesig wirkendes, steinernes Tor
☐ leuchtender Strahl strömt von Koralle zum Torbogen
☐ Inneres des Torbogens ist schwarz, wird aber von leuchtenden Funken durchzogen

weitere Rückmeldungen:

Das hat mir besonders gefallen:

Das kannst du noch besser gestalten:

In einer Nacherzählung gibst du einen gelesenen Text in eigenen Worten wieder, die Spannung des Textes soll dabei erhalten bleiben. Du kannst beim Verfassen der Nacherzählung viele Fähigkeiten trainieren, die du bereits besitzt (genaues Textverständnis, eigene Worte finden, Tempusform einhalten, …), und bereitest dich dadurch auf das Verfassen einer Inhaltsangabe vor. So schreibst du eine Nacherzählung:

Vorbereitung

Lies die Vorlage (hier Kapitel 10) noch einmal ganz genau und stell sicher, dass du alles verstanden hast. Tipps zum **genauen Lesen** findest du in M6. Notiere **Stichpunkte** zu den wichtigsten Handlungsschritten.

Verfassen der Nacherzählung (Einleitung – Hauptteil – Schluss)

Verfasse eine knappe Einleitung zu deiner Nacherzählung, in der die zentralen W-Fragen kurz beatwortet werden (*was?, wer?, wo?, wann?*).

Verfasse dann mithilfe deiner Stichpunkte den **Hauptteil** der Nacherzählung. Beachte beim Schreiben die Punkte aus der Checkliste.

Machst du eine Buchvorstellung, um Leser auf ein Buch neugierig zu machen, verrätst du natürlich die spannenden Dinge nicht. Bei der Nacherzählung ist es anders: Hier müssen am **Schluss** alle Fragen geklärt sein, nichts darf offenbleiben.

Checkliste

- ✓ Inhalt genau wiedergeben ohne eigene Ergänzungen (nicht verändern oder ausschmücken)
- ✓ Inhalt auf das Wesentliche kürzen (unwichtige Passagen auslassen)
- ✓ Reihenfolge der Ereignisse beibehalten
- ✓ eigene Worte verwenden (Ausnahme: direkte Rede)
- ✓ anschaulich und spannend formulieren
- ✓ Tempusform Präteritum einhalten
- ✓ Orientierung am sprachlichen Stil der Vorlage

Achtung: In der klassischen Nacherzählung ist es eigentlich so, dass du die Perspektive (Er- / Sie-Form oder Ich-Form) der Vorlage beibehalten sollst. Hier gilt eine kleine Ausnahme für die Romanaufgabe, denn der Roman ist in der Er- / Sie-Form geschrieben. Für den Roman muss deine Nacherzählung jedoch in der Ich-Form geschrieben werden, denn Sarah erzählt den Inhalt gerade selbst.

Die meisten Wörter der deutschen Sprache sind ererbt aus den sprachlichen Vorstufen des heutigen Neuhochdeutsch. Man nennt sie „**Erbwörter**".

Für manche Dinge, für die es im Deutschen keinen passenden Ausdruck gab, hat man Wörter aus anderen Sprachen verwendet. Diese Wörter bezeichnet man als „Lehnwörter". Manche sind mittlerweile so geläufig, dass man sie nicht mehr als „**Lehnwörter**" erkennt (der Zucker, das Fenster).

Es gibt jedoch im Sprachgebrauch auch **Fremdwörter**, die noch in der ursprünglichen Schreibweise geschrieben werden und oft anders ausgesprochen werden als üblich (*existentiell, das Chaos*).

Zwischen Lehn- und Fremdwörtern stehen die **Anglizismen**. Die ursprüngliche Schreibweise wurde zwar aus dem Englischen übernommen, die Wörter folgen aber der deutschen Grammatik. Besonders häufig sind es Verben, die wie deutsche Verben flektiert werden (*checken, foulen*)

Tipps für die Rechtschreibung von Fremdwörtern

Obwohl es sich anders anhört, werden viele Fremdwörter mit einfachem Konsonanten (s, k oder t) geschrieben:

s: insbesondere Wörter auf **-as, -mus, -us, -is, -os**
→ *die Ananas, der Organismus, plus, die Basis, das Chaos*
k: → *die Taktik, aktuell, die Lokomotive*
t: insbesondere Wörter auf **-tion** oder **-tiell**
→ *die Konzentration, existentiell, die Information*

Tipps für Rechtschreibung von Anglizismen

Du übernimmst zunächst die englische Schreibweise, nutzt aber die deutsche Grammatik:

auspowern *(power)* → *Ich powere mich aus.*
abchecken, checken *(to check)* → *Du checkst es ab. Er hat es gecheckt.*
puzzeln *(to puzzle)* → *Sie haben gepuzzelt.*
foulen *(foul)* → *Er hat ihn gefoult.*
fit *(fit)* → *Er ist am fittesten.*
fair *(fair)* → *Das war unfairer.*

1. *Füge die passenden Wörter ein. Achte auf die Anpassung der Form an die deutsche*
   Grammatik.

> Taktik • Ananas • fit • aktuell • checken • Chaos •
> Lokomotive • Information

Die .... hatte Verspätung. Am Bahnhof herrschte .... ,

denn niemand wusste, wie der .... Fahrplan aussehen würde.

Die Sonne brannte, die Passagiere hatten nichts zu trinken und fühlten sich nicht

.... Alle paar Minuten .... sie die Anzeigetafeln, aber

es kamen keine neuen .... Die .... der Bahngesell-

schaft war es offensichtlich, zu schweigen. Später kam heraus, dass ein Güterzug,

der frische .... aus Hawaii transportierte, entgleist war und den

Weg versperrte.

Wortfeld *Angst haben*

Nomen

Ängstlichkeit • Furcht • Horror • Grausen • Panik • Scheu •
Beklemmung • Sorge • Bangigkeit

Verben

beben • schaudern • bange sein • bangen • bibbern • fürchten •
sich gruseln • erschaudern • sich fürchten

---

1. *Ergänze im Wortspeicher weitere Begriffe aus dem Wortfeld, die dir oder deinem Lernpartner einfallen.*

2. *Sortiere die Begriffe aus dem Wortspeicher in das untere Pfeildiagramm ein.*

Tipp: Ganz eindeutig geht das zwar manchmal nicht, aber die Wörter, die eher zu einem schwachen Gefühl passen, schreibst du in die linke Spalte, und die, die zu einem starken Gefühl passen, nach rechts. Alle anderen kommen in die Mitte.

„schwaches Gefühl" ⟵——————————⟶ „starkes Gefühl"

Dass Nomen großgeschrieben werden, weißt du. Das sind typische Nomen-signale:

Artikel → *Der* Mond leuchtete.
Präposition (oft mit Artikel verschmolzen) → *Bei* Turnieren siegte er.
Pronomen → *Ihre* Höhle bot Schutz.
Adjektiv → Es herrschte *schlechte* Stimmung.

In M10 Hast du etwas zur Nominalisierung von Adjektiven und Partizipien nach Indefinitpronomen erfahren. Nun werden die Regeln der Nominalisie-rung auch auf Verben erweitert und auch die anderen Nomensignale werden dazugenommen.

1. *Füge im folgenden Text die Wörter aus dem Wortspeicher in ihrer angepassten Form ein. Achtung: Viele Wörter werden hier nominalisiert! Achte auf die Nomensignale.*

Achtung: *Beim Superlativ, den du in M9 geübt hast, ist das Wort „am" kein Nomensignal!*

---

aufpassen • geschickt • schnell • häufig • schießen •
scheppern • gut • beeilen

Das laute .... hatte den Wachmann geweckt. Eigentlich hatte

er Dienst gehabt, aber beim .... schlief er häufig ein. Am

.... kam das morgens vor, wenn er noch keinen Kaffee ge-

trunken hatte. Doch jetzt musste er sich ...., denn der Krach

konnte nichts .... bedeuten!

Der Wachmann sah hinaus und erkannte ein Mädchen mit einem Bogen. Das

.... eines Pfeils musste den Krach ausgelöst haben! Plötzlich sah

der Wachmann etwas .... zum Zaun rennen. Das war der Sohn

des Chefs! Er war von allen hier am .... Schon war er über den

Zaun gelangt!

⟹ M28 Zusammenschreibung bei Nominalisierungen von Wortgruppen

> In M10 und M27 hast du bereits etwas über Nominalisierungen gelernt und in M22 etwas darüber, wann man getrennt schreibt und wann man etwas zusammenschreibt. Hier gibt es eine Besonderheit, denn Nominalisierungen von Wortgruppen werden zusammengeschrieben:
> z.B.: *schwimmen lernen,* ABER *das Schwimmenlernen*

1. Bilde die Nominalisierungen der Wörter.

Fußball   – spielen   das ....

Schlittschuh – laufen   ....

Basketball   – spielen   ....

Kajak   – fahren   ....

angeln   – gehen   ....

Parkour   – laufen   ....

2. Setze die Nominalisierungen in der vorgegebenen Reihenfolge im Text ein.

Als Alex klein war, hatte er immer nach einer passenden Sportart für sich gesucht. Das .... probierte er als erstes aus, doch machte es ihm keinen Spaß. Um Eishockey spielen zu können, hätte er zuerst das .... lernen müssen, doch das wollte er nicht. Das .... konnte man nur in der Halle lernen, deshalb fiel das für ihn aus, er wollte draußen sein. Er hätte gerne das .... gelernt, doch gab es dafür leider keine Kurse und alleine traute er es sich nicht zu. Das .... war für ihn kein wirklicher Sport. Erst als er das .... kennenlernte, hatte er seinen Sport gefunden.

1. Überprüfe die Zeichnung selbst oder lasse sie von einem Lernpartner bewerten.
Wurde alles richtig umgesetzt?

Inhalt:

☐ Krater: runde Erhebung mit Vertiefung darin
☐ Größe des Kraters: groß wie zwei Fußballfelder
☐ innerhalb des Kraters: schmale Felsen wie Messer
☐ Mitte des Kraters: in den Stein gebranntes Zeichen (wie ein Hufeisen,
  an dessen unterer Stelle drei parallele Striche das Zeichen durchkreuzen)
☐ rechts und links des Kraters je ein großer Felsen
☐ an den Felsen befinden sich tropfenförmige Wellen

weitere Rückmeldungen:

Das hat mir besonders gefallen:

Das kannst du noch besser gestalten:

⟹ **M30** | **Wortfeld *sich freuen***

Adjektive & Partizipien

froh sein, glücklich sein, begeistert sein, berauscht sein

....

Verben

grinsen, lachen, schmunzeln, strahlen, jubeln

....

Vergleiche

sich fühlen … als würde das Herz hüpfen / … als würde die Sonne aufgehen / … wie neu geboren

....

---

1. *Finde weitere Formulierungen, die zum Wortfeld „sich freuen" gehören, und ergänze sie im Wortspeicher.*

 **M31**   Personenbeschreibung

> ## Einen Steckbrief schreiben
>
> In M13 findest du alle inhaltlichen Anhaltspunkte zu Aussehen, Kleidung
> und Ausrüstung Sarahs, die du für den Steckbrief brauchst. Beim Schreiben
> deines Steckbriefs musste du dazu noch folgende Aspekte einer Personen-
> beschreibung beachten:
> – Tempus: Präsens
> – Aufbau: Wähle eine sinnvolle Reihenfolge für deine Beschreibung
>   (z. B. auffälligstes Merkmal zuerst / am Kopf anfangen und bei den Füßen
>   enden)
> – Schreibstil: schreibe so, dass es zum Zweck der Beschreibung passt
>   (gefühlsbetont / sachlich)

M32   **Textstellen genau untersuchen**

In dieser letzten Schreibaufgabe arbeitest du an
einer besonders wichtigen Stelle des Romans, daher
ist genaue Vorarbeit notwendig. Du schreibst aus
Alexanders Perspektive. Deswegen musst du dir
darüber im Klaren sein, wie er deiner Auffassung
nach zu seinem Vater und zu Sarah steht.

*Info: Für die Vorarbeit zur eigent-
lichen Aufgabe gibt es eine Variante
für Selbstlerner (M32a) und eine
für Lerngruppen (M32b)! Danach
geht es in beiden Varianten weiter
bei M32c.*

a) für Selbstlerner

*1. Lies folgende Textstellen noch einmal genau. Unterstreiche dabei alle wichtigen
Informationen, die du zu der Beziehung von Alex zu Sarah erhältst:*
– Kapitel 4 (Seite 26 und Seite 29 ab Zeile 33 bis zum Ende von Seite 30)
– Kapitel 6
– Kapitel 9 (von dir angekreuzter Textteil)
– Kapitel 15 (Seite 80 ab Zeile 31 bis zum Ende von Seite 81)

b) für Lerngruppen

1. Teilt euch in Gruppen auf und lost aus, welche Gruppe welche Textstellen übernimmt.

Figuren	Situation	Textstelle
Sohn & Vater	tägliches Zusammenleben von Vater und Sohn	Kapitel 1
Alex & Sarah	Verfolgung Sarahs	Kapitel 1 (Seite 11, Zeile 12 bis Seite 12, Zeile 13), Kapitel 2 (Seite 15, Zeile 1–17 und Seite 20 ab Zeile 8), Kapitel 3 (Seite 23, Zeile 1–5)
Alex & Sarah	Notsituationen (Monster im See und Erdbeben am Krater)	Kapitel 3 (Seite 24, Zeile 6 bis Seite 25, Zeile 3), Kapitel 4 (Seite 26, Zeile 1–12) Kapitel 15 (Seite 85–86)
Alex & Sarah	Zusammenleben in der „dunklen Welt"	Kapitel 4 (Seite 26 und Seite 29, Zeile 33 bis zum Ende von Seite 30), Kapitel 9 (von dir angekreuzter Textteil), Kapitel 15 (Seite 80, Zeile 31 bis zum Ende von Seite 81)
Alex & Sarah	gemeinsamer Parkourslauf	Kapitel 6
Alex & Sarah	Öffnen des Tors	Kapitel 15 (Seite 88) Als Vorinformation auch Kapitel 5 (Seite 35)

2. Arbeitet die Informationen aus euren Textstellen heraus, die zeigen, wie Alex zu Sarah bzw. seinem Vater steht.

3. Entwerft in der Gruppe ein Standbild, das die Haltung Alexanders gegenüber Sarah bzw. seinem Vater, wie sie in euren Textstellen beschrieben ist, anschaulich darstellt.

> **Tipp:** Nicht die Situation selbst soll dargestellt werden, sondern die Beziehung der Figuren zueinander innerhalb der Situation ist wichtig. Wie man ein Standbild baut, steht auf der nächsten Seite im Kasten.

4. *Präsentiert den anderen Gruppen eure Ergebnisse.*

Tipp: *Verratet dabei zunächst nicht, welcher Gruppe ihr angehört!*

Ein Standbild bauen

1. *Deine Gruppe muss sich darüber klar werden, was genau sie ausdrücken möchte. Wie genau ist die Beziehung der Figuren zueinander gestaltet? Lest die entsprechenden Textstellen mehrfach und einigt euch auf ein Ergebnis.*

2. *Dann muss geplant werden, wie diese Figurenkonstellation ausgedrückt werden soll. Am besten erstellt ihr Skizzen oder Stichpunkt, die Körperhaltung, Gestik und Mimik ganz genau beschreiben.*

3. *Wählt euch Mitschüler in der Anzahl eurer benötigen Standbildfiguren. „Biegt" eure Darsteller so zurecht, wie ihr es geplant habt, denn sprechen dürft ihr dabei nicht. Lediglich wenn es euren Darstellern unangenehm ist, zum Beispiel beim Gesichtsausdruck, könnt ihr die gewünschte Gestik/ Mimik vormachen und der Darsteller ahmt es nach, denn es ist sicherlich unangenehm, wenn einem jemand im Gesicht herumknetet.*

4. *Ist das Standbild fertig, wird es von den übrigen Mitschülern beschrieben und interpretiert.*

5. *Abschließend legt die Gruppe offen, was sie sich dabei gedacht hatte, und ob die Interpretation ihren eigenen Überlegungen entsprochen hat.*

c) Lege den weiteren Verlauf fest

Du hast dir die wichtigsten Informationen zu den Beziehungen der Figuren zueinander noch einmal genau betrachtet. Nun hast du dir ein ganz eigenes Bild davon gemacht, wie Alex zu Sarah steht, und kannst beurteilen, wie er sich jetzt verhalten wird.

1. *Beantworte knapp die Fragen zum weiteren Verlauf der Handlung.*

Entscheidet sich Alex für die Ölfirma, für das Reservat oder findet er einen Mittelweg?

....

Wird Alex in das Internat gehen?

....

Was empfindet Alex seinem Vater gegenüber?

....

Was empfindet Alex Sarah gegenüber?

....

Werden Sarah und Alex sich wiedersehen?

....

Werden Sarah und Alex Freunde (bleiben)?

....

Wird das Ölbohrprojekt verwirklicht?

....

Jetzt bist du bereit für deine letzte große Schreibaufgabe, lieber Co-Autor!
Fahre fort auf S. 93

Autoren

Ingala Straßer

Von frühester Kindheit an hat die Autorin Geschichten erfunden und nach und nach Berge an Papier damit gefüllt. Irgendwann im Laufe der Schulzeit ließ sie aber vom Geschichtenschreiben ab und las stattdessen lieber die Bücher, die andere Menschen geschrieben hatten. Sie studierte Germanistik und Politikwissenschaft und wurde Gymnasiallehrerin. Erst für ihre Schülerinnen und Schüler und eigentlich auch nur, um ungeliebte Grammatikaufgaben in spannenden Geschichten zu verstecken, fing sie wieder an zu schreiben und die Begeisterung dafür wiederzuentdecken. Diese Begeisterung hofft sie nun in den Co-Autorinnen und Co-Autoren dieses Romans wecken zu können. Bei ihren beiden Kindern, mit denen sie und ihr Mann in einem Haus im Rhein-Main-Gebiet lebt, hat es auf jeden Fall funktioniert!

(dein Foto)

.... (dein Name)